现代高校美育教育
创新实践研究

郭鑫 ◎ 著

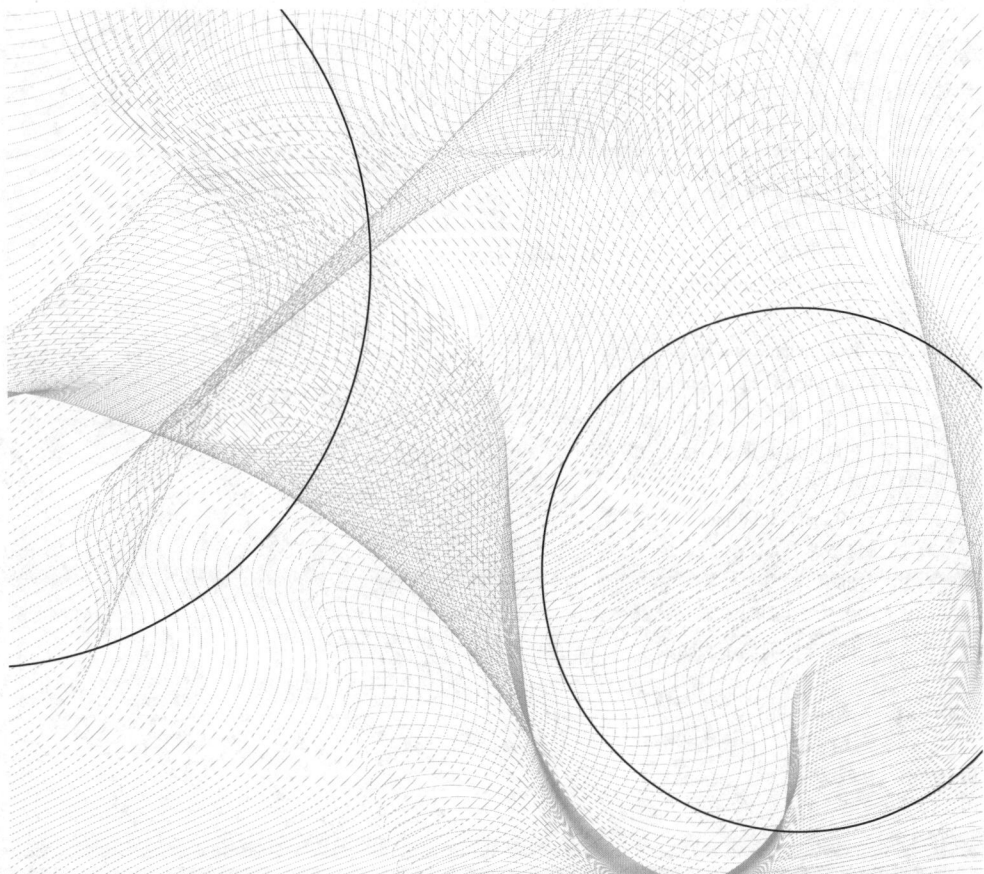

中国出版集团

中译出版社

图书在版编目（CIP）数据

现代高校美育教育创新实践研究／郭鑫著. -- 北京：
中译出版社，2024. 6. -- ISBN 978-7-5001-7983-2

Ⅰ. G40-014

中国国家版本馆 CIP 数据核字第 20244BR664 号

现代高校美育教育创新实践研究

XIANDAI GAOXIAO MEIYU JIAOYU CHUANGXIN SHIJIAN YANJIU

著　　　者：郭　鑫
策划编辑：于　宇
责任编辑：于　宇
文字编辑：田玉肖
营销编辑：马　萱　钟筱童
出版发行：中译出版社
地　　　址：北京市西城区新街口外大街 28 号 102 号楼 4 层
电　　　话：（010）68002494（编辑部）
邮　　　编：100088
电子邮箱：book@ctph. com. cn
网　　　址：http：//www. ctph. com. cn

印　　　刷：北京四海锦诚印刷技术有限公司
经　　　销：新华书店
规　　　格：710 mm × 1000 mm　1/16
印　　　张：11. 5
字　　　数：185 千字
版　　　次：2025 年 3 月第 1 版
印　　　次：2025 年 3 月第 1 次印刷

ISBN 978-7-5001-7983-2　　　定价：　68. 00 元

前　言

　　发展到 21 世纪，人类在文学艺术、科学技术等文明领域都取得了重大成果。人们在追求物质生活极大丰富的过程中，不断创造出各种形式的艺术来丰富精神世界，审美成为生活中不可缺少的组成部分，它可以净化人的心灵，陶冶人的情操，提高人的情趣。然而，并不是每一个人都能自然而然地产生美的意识，高尚的审美情操必须通过学校美育教育来实现。学校的学生美育管理，正是为了帮助学生获得这种审美观点，提高学生的鉴赏力。它通过专门的美育教育和各种形式的美育渗透，使学生形成美的意识。同时，它还要通过一系列的协调和控制，调动校内外的一切积极因素来进一步提高学生的审美意识，从而使学生具有相当水平的审美情趣，使社会主义建设人才的健康成长。

　　本书首先对美育基础理论进行简要概述，介绍美的本质、美育的性质与特征、美育的任务与教学资源，然后对高校美育美学体现、高校美育课程建设、高校美育教育对学生审美素养的培养、高校美育教育的路径与发展策略进行了剖析，最后在美育视野下的艺术教育实践、美育教育与大学生心理健康教育协同发展、美育教育与大学生创新创业教育高效融合、美育教育与大学生劳动教育融合实践、高校美育教育创新实践方面提出一些建议。旨在摸索出一条适合现代高校美育教育实践的创新路径，帮助美育教育工作者和高校教师在实践中少走弯路，运用科学方法，提高效率，同时也对高校美育教育创新实践研究有一定的借鉴意义。

　　由于时间的仓促，作者水平有限，本书难免存在不足之处，在出版之际，真诚地希望读者对本书提出宝贵的意见。

目　录

第一章　美育基础理论

第一节　美的本质

一、美的特征

(一) 形象性

美是形式和内容的统一，它的内容要通过不同的外在形式表现出来。通过外在的形式，表达内在的情感，这两者统一构成了完整的形象。

我们在欣赏美的事物的时候，总是从美的事物的形状、色彩和声音等具体形象中获得美的享受。自然界中日月星辰、名山大川、花草树木、飞鸟游鱼等，无论是静态还是动态，都以其自然的感性形式令我们赏心悦目、浮想联翩；社会生活中的场景，如气吞山河的治河围海、惊心动魄的卫星发射、运动健儿的龙腾虎跃、儿童们活泼欢乐的嬉戏、游人花前月下的悠闲自得等，从不同角度反映了生活的美。

大自然中，一切美的东西都是具有形象的，太阳喷薄而出、大海碧波荡漾、森林郁郁苍苍、泉水叮咚、小鸟啁啾等，这一切都有其颜色、声音、形状等感性形式，人总是通过这些感性形式看到它们、听到它们。它们有一个共同的特征，那就是具体可感的。如果离开了这些形式，美就无从谈起了。

人类社会中，最核心的美是人的美。人的美无论是身材、相貌，还是心灵，也都是具有感性形式的。我们常说某人心灵美的体现不外乎语言和行为两个方面，语言是我们可以听到的，行为是我们可以看到的，因此，心灵美也并非抽象的，而是有其具体可感的形象的。比如我们赞扬的雷锋精神之美，就是从他平凡而伟大的事迹中所感知的，即从他的言行中所感知的。

艺术作品里的美，也都具有形象。艺术中最抽象的就是音乐，而音乐也是非常善于"绘景"的。

（二）感染性

感染性也是美的特性之一。意美以感心，音美以感耳，形美以感目。美的事物直接作用于人的感官，使人们在精神上得到审美愉悦。

既然美的存在是具体的、形象的，那么美首先诉诸的是人的情感而非人的理智。换句话讲，我们在欣赏美的事物的时候，并不是先从理论上知道它是美的、是值得欣赏的，而是在内心深处由内而外产生的一种情感上的冲动，是在精神上获得了愉悦和满足。

美的事物之所以可以给人以愉悦感和感染力，不仅仅是因为它有美丽的、悦人的外表，还因为丰富的内涵充实了美的形式。对象所以能成为审美对象，进而触发人的审美情感，最本质的原因在于它是人类劳动的产物，这个对象的产生是人的本质力量的体现。从这一对象的创作过程中，人们感受到了同样作为人类的作者的创造才能、生活经验，进而感受到了人类的本质力量；从这一对象带来的美感上，人们体会到人类本质的崇高。因此，在这个意义上，美是人的本质力量的感性显现。

美的事物是内外统一而成的。具体而言，美的感染性是其外在形式和内在本质共同作用而成的；如果美的内容空洞，美的事物就无法打动人；如果美的形式不存在，那么美的内容就无法通过有效的途径来感染人。

（三）社会性

自然美是在人类社会出现后才产生的，其根源是人类的生产劳动实践。自然美具有社会性质，本身包含了人的本质对象化，它是一种"人化的自然"，自然或自然物的属性因此变成了对人类实践有用、有利、有益的属性，包括审美属性。这种审美属性才是自然物之所以美的一个因素。因此，我们判断某一自然物美不美，是依据它的社会性不同，与人类生活关系的不同，在人类生活中所占地位、所起作用的不同。太阳赐予人类以光明，因而是美的。可见，自然美的社会性是人类劳动生产实践所赋予的，是人类社会的产物。

自然美最初是与它的直接功利性质连在一起的，自然美的功利性是十分明显的。与功利性无关的自然物，与经济生活没有联系的自然物，在原始人心目中是没有地位的。原始人最初的原始歌舞、绘画、音乐，多以对他们有用的动物和植物为题材内容，如野牛、山羊、种植的谷物，而今天看来很美的山花、野草并没有进入他们的视野，原始人的美感经验也是直接与自然物的物质功利性紧密联系在一起的。随着人类实践活动的不断扩展深入、人类审美意识的觉醒，一些并不具备物质功利性的东西渐渐地也成了人们审美的对象。

自然美有其社会性。人是社会的主体，社会生活的美以人为核心。艺术美由人创造，所表现的也是人的生活、人的情感。即使是自然事物的美，也蕴含着人类的创造性，这是因为自然事物的美需要由人来发现、欣赏。自然美在于它的自然属性同人类生活劳动的实际联系，而且自然事物的审美价值离不开人的欣赏，离不开人欣赏中的创造性发挥，如想象、移情等。

(四) 功利性

美的功利性，是指美的事物的价值，是与美的社会内容联系的内在属性。一般认为，美是用来欣赏的，跟人的实际需要没有什么关系，是超功利的存在，但是在实际中，美是具有社会功利性的，其社会功利性不是直接可以观察到的，而是隐藏于其表象之后的，是很难直接感受到的一种内在属性。

美的功利性蕴含在审美活动之中。美在产生之初是被人们等同于实用功利的，因为其一开始就产生于实用功利。后来，随着社会的不断发展和人们认知的提高，人们逐渐将美和实用功利分开来，但没有改变的是，美始终是受到实用的制约的。

美的功利性根源于人类的物质需求。因此，在感知自然美与社会美时，美的功利性较为明显，而在欣赏艺术美时美的功利性往往是被遮蔽的，这是因为人与自然、人与社会的关系有直接的物质性，而艺术美的物质性通常是间接的。

二、美的实践与创造

(一) 创造美好环境的必要性与要求

1. 创造美好环境的必要性

在人类社会的早期，生存环境比较恶劣，生活是得不到保障的，人们忙着填饱肚子，对于美好环境别说是追求了，可能连认识都没有。但是随着社会的发展，人们的物质生活得到了极大的提高和丰富，这个时候，人们对于美好环境的需求就产生了。

（1）创造美好环境是人类生存和发展的必然追求

自然环境是人类生存和生活的物质基础。人类借助自然界的恩赐，物质生产不断发展，社会不断文明、进步。爱护自然，保护环境，创设美好的生存空间，便成为人类社会发展的必然追求。

（2）创造美好环境是改善生活质量的重要内容

环境美是生活美的重要组成部分，创设美好环境是人类生活理想付诸实现的必然选择。不管是对家居环境的美化，还是对学校、公司等场所进行的种花种草等行为，或是城镇建设的布局规划，都是为了通过改善环境来提高人们的生活质量。

（3）创造美好环境有益于身心健康

脱离了环境，人是无法存在的，周围环境中的一切随时随地都刺激着人们的感官，影响着人们的情绪。在日常生活中，我们可以发现，洁净、整齐、安静、美丽的环境会给人们以愉悦的享受，更能促使人们热爱生活，努力工作。而脏乱、吵闹的环境只会使人心生厌恶，情绪低落，精神不振，甚至纪律涣散，影响工作、学习。

（4）创造美好环境体现了文明

环境美化体现了人类文明的发展，也是人类提高生活质量的前提条件。追求环境美，可以使人们的生活丰富多彩，充满情趣，使人们得到较好的休息，促进身心健康；追求环境美，可以陶冶性情，开阔胸怀，提高文化水平，砥砺品行，增强识别美丑的能力，有助于培养高尚美好的情操；追求环境美，可以增进人们对祖国大好河山与民族传统文化的了解，培养和深化人们的爱国主义思想感情；追求环境美，可以增进人们对自然环境的观察和了解，启发人们探索自然奥秘的智慧，促进自然科学的发展。

自然环境中表现出来的与人们向往的社会生活相联系的特性构成了形式美，所以，美化环境体现着现代文明，也是现代文明的重要标志之一。环境的美化首先应从自己身边的生活环境、学习环境、居住环境的美化做起。

2. 创造美好环境的基本要求

（1）整洁、清新、安宁

第一，对于个人生活空间来说，房间干净，物品整齐，家具安置合理，并且养花种草，点缀其间，会让人精神放松，心情愉悦，能更好地投入工作和学习中。

第二，从公共生活场所来说，整洁的街道、碧绿的树木、清新的空气，可以让人们感受到生活的美好，看到这种环境的那一刻心情就会愉悦起来。

（2）布局合理

合理的布局可以给人们的生活带来便利。大街小巷把城市分割，居住区、商业区、娱乐活动区，井井有条；居民小区辟有绿化带、公共活动区，周围有超市、餐馆等；住宅楼之间有一定的间距，既便于采光又避免对视等。居室空间也要合理规划，休息娱乐、饮食洗浴、学习工作，功能明确。

（二）具体美好环境的创造

1. 美好家居环境的创造

居室是人们在工作、学习之后的休息地，是休憩身心、颐养性情的港湾。家居环境的美化，不仅仅是家庭经济实力的体现，更是家庭成员的精神面貌、思想境界、志趣爱好和文化修养等方面的体现。无论是豪华别墅还是普通房舍都可以做到美化，我们主张从实际情况出发，在经济实用的基础上追求审美的艺术性，从而创造出符合身心健康需要的生活环境。一般说来，要做到以下四点：

第一，要做到家里时刻保持整洁。应及时清扫房屋地面、墙壁、天花板、桌椅、衣柜、灯具、窗台、玻璃上的尘污，洗净被褥及餐炊具等，并把它们摆放整齐。

第二，要合理地挑选家具。家具是家庭日用器具的一种，既有使用价值，又可以作为室内的装饰，所以，人们称它是美化生活的实用艺术品。在一个家庭里，家具是占据空间最多的饰品，因此，美化生活环境时，家具的选择和陈设就成了不能忽视的重要内容。家具的挑选不仅要注重功能、风格多样，而且要保持协调。

第三，在色调方面，要以和谐为原则。家是人们休息的场所、接待客人的地方，也是与亲人共享天伦之乐的地方。因此，家庭环境的布置、美化，从色彩上说，应力求安宁、和谐、亲切。

第四，家里的装饰要体现高尚的情趣。家庭生活的内容是丰富的，人们的情趣也是多方面的，因而要创造一个美好的环境，离不开用各种手法去装饰和点缀。可以在室内摆放一些盆栽绿色植物、花卉，或是插花，也可养鱼、养鸟等，营造室内的一隅绿色空间，以获得清新悦目的感受，使之充满诗情画意；还可以根据个人的爱好，摆设一些工艺美术品、古董，或挂贴字画，营造高雅而富有个性的居室情调，寄托自己的审美情操和志向追求。

2. 美好校园环境的创造

校园是学习和生活的场所，高层次、高格调、高品位的校园环境，能对学生起到"润物细无声"的陶冶作用。美化校园环境不仅要构建诗情画意的自然环境，还要营造励志的人文环境。美好校园环境的创造需要从以下两方面入手：

一方面，是整体校园环境的创造。校园应选在无噪声、无污染的地方，尽可能处在优美的自然环境中，使学生在校园内处处都能看到大自然的美。校园内部规划要科学、艺术，注意整体的协调统一。学校一般以教学楼、办公楼或图书馆为主要建筑，其他建筑不论从造型风格，还是色彩、用料等方面都应与它相协调，不能自成一体。校舍的建筑应当富有变化。校园建筑布局合理，整洁优美，树木葱茏，错落有致，有催人奋进的雕塑，有肃穆庄严的升旗台……能让人感到校园具有形的参差美、色的和谐美与意的情趣美。还要营造具有教育意义的人文环境，如悬挂校训标语、名人画像及催人向上的名言，张贴地图，布置品学兼优学生的照片、事迹介绍、习作、绘画，布置反映祖国激动人心的建设成果的图片等，定期更换，常办常新，使学生在校园里无论走到哪里，都能得到美的熏陶、鼓励和鞭策。

另一方面是教室环境的创造。教室是学生接受知识最重要的场所。教室要窗明几净、桌椅整齐、色彩调和、光线充足。教室的布置要做到既大方又活泼，整体和谐一致。黑板上方可以张贴国旗图样或学风校训，两侧的墙上适当地贴挂几幅字画或杰出人物的画像、名言，教室后墙设置黑板报，开辟学习园地、支部园地、时事园地等。窗台上有序地摆放一些盆栽植物，讲台上可以放置插花。如此营造出有生气的氛围，能让学生在优美、安宁的环境里身心愉快地接受科学文化知识。

3. 美好劳动环境的创造

劳动环境的好坏是影响劳动者心理、生理的一个重要因素，也直接或间接地影响着劳动效率和产品质量。美的劳动环境能激起劳动者愉快高昂的情绪，消除不必要的紧张和疲劳，提高劳动者的积极性；杂乱、肮脏、吵闹的劳动环境，常常使劳动者感到厌烦，使他们情绪低落，缺乏劳动积极性。可见，改善劳动条件、美化劳动环境的意义十分重大。

第二节 美育的性质与特征

美育，也叫审美教育、美感教育。美育是一种以"美"为手段教育人的特殊教育。美育有实践意义上的美育和理论意义上的美育两种概念，前者指以美育人的实施过程；后者是对前者的理论概括和阐述，可称美育学。

美育作为一种理论，是美学的一部分，又是教育学的一部分，前者可谓"美学的教育学"，后者可谓"教育学的美学"。

一、美育的性质

（一）美育是审美的人格教育

美育的性质是什么？美育是一种审美的人格教育。就是说，美育以"美"为手段，通过审美活动的方式，让美滋润人的心灵，培育人的美好情操和审美修养，塑造美好的人格。

（二）美育是情感教育和形式美感教育

1. 美育是一种情感教育

美育是一种审美的人格教育。那么美育是通过什么而实现人格教育的呢？美育是通过对人的情感熏陶而实现人格教育的。就是说，美育本质上是一种情感教育。对此，可以从以下三个角度来理解。

第一，从"美学""美育"概念提出的特定内涵看，美育主要涉及人的情感领域。美学的对象是感性认识（情感）所理解的完善，而这种理解到的完善就是美；与此相反的就是感性认识（情感）的不完善，就是丑。可见，"美学"概念的提出及其作为独立学科的建立是与人的情感领域紧密相连的，美学实际上就是"情感学"。而美育概念的提出者席勒认为，美育的性质和任务就是要在感性和理性的领域之外开辟一个新的消除了感性和理性束缚的高尚的情感领域，使人获得精神上的解放，培养完美的人格。从"美学""美育"概念的提出及其作为两门独立学科最早建立时的定位，可以看出它们都主要涉及人的情感领域，这就从一个方面印证了美育情感教育的性质。

第二，从审美的性质特点看，美育是在审美活动中展开的教育。美育本身就是一种审美活动，而审美活动的性质和美感的特点决定了美育是一种情感教育。审美活动实质上是一种情感体验活动，审美主体对美的把握，在心理上展开的主要是情感而不是理性认识或道德意志，审美对象引发的愉快主要是情感愉快。就是说，审美对象对审美主体的作用是由悦目悦耳进而悦心悦情，审美过程就是一种情感自我陶冶的活动，美育作为一种审美活动也是一种情感自我陶冶的活动；而从教育学的角度看，美育就是一种借助美对受众进行情感教育的教育方式。

第三，从教育价值观看，美育也不同于德、智、体的教育。德育主要是对人们进行思想和伦理道德方面的教育，它体现着"善"的要求；智育主要是传授知识、技能，开发人们的智能，它体现着"真"的要求；体育主要通过运动和锻炼，促进人的健康水平，它体现着"健"的要求；而美育则主要是通过对人的情感美化作用培养人的美感情操，使人的审美心理结构完善、人格完美、个性和谐发展，它体现着"美"的要求。

可见，美育是通过情感教育实现人格完美化的教育。

2. 美育是一种形式美感教育

美育作为一种情感教育，又是通过形式美感的教育来实现的。就是说，美育又是一种形式美感的教育。对此，可以从以下两个方面来理解。

第一，美育是以"美"育人的教育。我们知道，美，无论是艺术美还是自然美、人的美、文化美，都呈现为生动的形象。美只能在形象中表现。而审美活动——不论是美的欣赏还是美的创造，都是通过形象感知来实现的。换句话说，在审美活动中，审美对象都是以其鲜明生动的形象（由色彩、线条、形体、声音等形式因素构成）诉诸人的感官，影响人的思想感情的。美和审美活动的这一形象性特征决定了美育必然是一种"审美形式感"或称为"形式美感"的教育。

第二，在审美教育活动中，审美主体对美的欣赏，必须保持一种非功利的心态，即对对象无所求、无所为、无欲望的超然的、静观的心态，也就是不涉及对象的"实质性"内容。美感教育就是这样一种形式美感教育，是一种超越功利、超越实用、超越世俗的形式美感教育。

美育的独特性就在于通过各种美的形象来触发人的情感，以美感人，以情动人，从而起到潜移默化的感染和教育作用。美育主要是一种通过形式的感受达到情感熏陶的情感教育。

综上所述，美育是一种情感教育和形式美感教育有机统一的人格教育。

(三) 美育与德育、智育、体育

美育与德育、智育、体育的关系，是深入理解美育的性质的一个重要方面。教育的功能和价值：一是促进人类社会的发展和完善；二是促进人类自身的发展和完善。这就是说，教育的根本任务是推动社会和人类自身的发展和完善。教育是一个系统工程，人的全面发展有赖于多方面的动力。我们知道，人的心理结构由智慧、意志、情感三种因素组成。这三个方面在实践中分别表现为认识关系、伦理关系和审美关系。认识关系解释了主观与客观、认识与实践、感性和理性的发展过程，它是运用概念的普遍形式去把握事物的本质，属于智育的范畴。伦理关系揭示了人与人之间、个人与社会之间的一般道德准则，它告诉人们什么样的行为是善的，什么样的行为是不善的或丑恶的，属于德育的范畴。审美关系表现为一种情感关系，它揭示了人怎样按美的规律与审美理想来改造世界和塑造人自身，属于美育的范畴。这三个方面，对构成人的健全心理是不可或缺的，它们和侧重于人的体质锻炼、使人获得健康体魄的体育一起，共同构成了促使人全面发展的教育体系。可见，整体动力观的教育观念决定了德、智、体、美、劳是相互联系、相互促进的统一整体。

美育不仅能陶冶情操、提高素养，而且有助于开发智力，对于促进学生全面发展具有不可替代的作用。要尽快改变学校美育工作薄弱的状况，将美育融入学校教育全过程。美育对于培养学生健康的审美观念和审美能力，陶冶高尚的道德情操，培养全面发展的人才具有重要作用。没有美育就没有健全的素质教育。

美育作为实施素质教育的切入点，除了自身的重要性以外，还对其他教育起促进作用。以美辅德，以美益智，以美健体，以美促劳，促使学生全面和谐地发展。

1. 美育与德育的关系

美育与德育的关系问题，从理论上讲，就是美与善的问题。美与善的关系非常密切，善是美的基础，在道德领域甚至善即美。这就是说，美育与德育的关系是非常密切的，美育最终要达到人格的提升，与德育的最终目标具有一致性。

美育与德育虽然存在着密切的联系，但又各有特点。美育与德育的差别主要体现在以下三个方面。

第一，从性质上说，美育是通过美的事物、美的形象、美的理想陶冶人的情感，塑造美的心灵，促进人格的全面发展。与德育偏重于规范与约束的特点不同，美育具有自由和愉悦的特点，它注重发展受教育者的审美感受力、创造力，使其个性得到和谐而自然的发展；在最个性化的审美体验中，受教育者往往超越了现实生活的某些限制，自发地投入受教育过程中并乐此不疲。德育则偏重于对善的行为的逻辑判断，注重发展受教育者的意志约束力，是一种规范性的教育；德育偏重于培养个性对社会的服从，它努力使受教育者以社会普遍的规范和法则作为自己的需要和准则，而这种由外向内的约束常常使个性的发展受到一定的限制。

第二，从方式上说，美育是一种感性的引导和诱发，它以美感染人，使人的个性情感得到自由表现和升华，因而具有明显的情感性、形象性、自由性。在这个过程中，一切都得靠受教育者自己去体验。这种体验是主动和创造性的，也是生动活泼的，受教育者可从趣味满足中获得认同。德育则主要是通过说理，言明大义、以理服人。它的重要特点是说服，尽管也可以采取一些生动活泼的形式，但它终究是理性化的，受教育者也基本上处于被动地认识与接受的位置。

第三，从功能意义上看，美育偏重培养个性人格，它通过培养敏锐的感受力，发展个性情感，养成人的自发性和创造性。德育偏重培养社会人格，通过磨炼意志力，养成人的自觉性和道德意识。因此，德育和美育在价值取向上有不同的侧重：德育侧重于社会尺度，它偏重于现实的原则以帮助受教育者适应现实环境；美育则偏重个性的尺度，偏重于超越的原则，它不能帮助受教育者从现实环境中获得实利，但受教育者能在个性发展需要的基础上产生变革现实、追求社会秩序的理想和动力。因此，美育包含着改造社会的超前的理想性。

美育和德育的关系是辩证的关系，其主要体现在如下三个方面。

第一，美以善为前提。善，体现着人类的普遍的利益要求。人的实践活动具有一定的目的性，而这种目的如果符合客观事物的发展规律就是合理的，就会给人类带来益处，同时，也是善的行为。美则是人们对事物的一种情感体验。美之所以以善为前提，是因为美并不是什么超然的、抽象的东西，而是事物的客观性和社会性的统一。美归根结底离不开善，有善才有美。美以善为前提，也决定了一切审美教育从根本意义上讲，是为了培养和诱发人们善的情感，使个体形成一种完善的人格。当然，这种善是广义的，不可从狭隘的功利主义出发去理解，否则，那也是难以实现的。

第二，道德状态是从审美状态发展而来的。道德状态从审美状态发展而来，是由于道德实践是建立在一定的情感基础之上的；要提高人们的道德水平，不能就道德说道德，更重要的是提高人们的审美情操。所以，德育教育人不要做违反道德的事无疑也是非常重要的，但如果能使人从小就热爱美，厌恶一切丑行，就具有更加直接和积极的意义。

第三，美最终是为了善。美最终是为了善，这是由人类社会的本质决定的。审美活动也是人类实践活动的一个方面，如果审美活动不能给人们带来益处，那它也难以存在和发展。美最终是为了善，表明美学和伦理学在根本目的上是一致的。把美学与伦理学用于社会实践的美育和德育，都是为了培养全面发展的人才，创造更加美好的世界。

2. 美育与智育的关系

美育与智育的关系问题，从理论上讲，就是美与真的关系问题。美与真的关系非常密切，真、善都是美的基础，离开了真、善就没有美。所以，美育与智育也是不可分割的。

但是，美育与智育是有着很大差别的两种教育，主要体现在以下两个方面。

第一，教育的内容和目的不同。美育以感性的审美对象和审美形式为根据和手段，主要是一个培养审美能力，使受教育者的情感得到表现和升华的过程。在这个过程中，受教育者接触的是以"形式—情感"为特征的审美对象，例如自然景观和艺术作品等。当然，美育也包括知识的教育，但这不是最主要的，其主要目的是培养审美能力、陶冶情感。由于美育过程以受育者的自发性为基础，因此它能直接满足个体生命的发展要求，使个性得到和谐而自然的发展。智育则是知识的教学过程，它以"概念—逻辑"作为特征的知识传授为依据，如公式、定理、概念、定义、法则以及判断和推理等过程和环节，其目的在于促进受教育者掌握科学文化知识与技能，发展受教育者的智力结构，与受教育者的生命要求、情感满足要求并无直接的关联。

第二，教育的功能意义不同。美育的功能旨在培养审美能力、促进情感的表现和升华。审美能力的发展虽也需要知识的帮助，但它在本质上不是由具体表象向抽象逻辑的发展，而是越来越深入具体的感性形象中去。智育的任务是促进观察力、想象力和思维力等方面的发展，其中，以促进逻辑思维能力的进步为核心。皮亚杰的认知发展理论研究表明，逻辑思维能力的发展从一定意义上讲是一种抽象力的进步，是智力从具体表象向抽象逻辑的发展。审美能力与逻辑思维能力的这种不同发展方向决定了美育与智育的重要差异。以发展逻辑思维能力为主要目的的智育注重培养学生的逻辑判断和推理能力，它要摆脱认识中的主观性以符合客观性，对情感和想象力的发展往往有一定的抑制作用。

美育与智育虽然有着重要的差别，但是，由于个体任何一种能力都与其他能力联系在一起，某一能力的发展总离不开其他能力的发展，因此美育与智育又是相互促进的。

美育对智育的促进作用体现在两个方面：首先，它能够有效地促进人的认识能力的提高。我们知道，智育的过程是对规律的认识，是对知识体系的认识，而在个体的成长过程中，审美能力的发展一方面包含着认识能力的发展，另一方面也为认识能力的发展提供必要的基础和条件，因为从某种意义上来说，审美能力本身也是一种认识能力，只是它不同于逻辑思维的认识，而是一种特殊的误解能力。任何审美形式都是个性情感的创造性表现，通过审美形式的体验，我们可以直接领悟到其中的情感生命，可以认识到主观世界的情感和情绪，成为对人生智慧的一种特殊领悟。这种领悟也意味着一种特殊的认识能力的发展，对人的智力的发展具有非常重要的意义。其次，美育所具有的培养创造性思维的功能，对智力的发展具有积极的作用。创造是人类最可宝贵的力量。大千世界的一切物质文明和精神文明都是人类的创造性成果。创造性思维能力是智力的高级形式，是在既有知识和经验的基础上有所发现和创新的能力，是人类智慧的集中体现。而美育具有心理的综合体验和整体性的品质，是人的感知、想象、情感和理智等多种心理功能的统一，在感性直观的体验中，往往能激发受教育者的思维，使其深入发现事物内部的本质联系，体现出整体性创造能力。因此，在智育过程中引进美育的形象性和趣味性，引进体验、启悟机制；引进美育的诸多方法，可以促进受教育者的观察力、想象力、体悟力和创造性思维能力的发展。

同样，智育对美育也有重要的促进作用。首先，美育需要有一定的智力准备。一个知识储备越多、对事物认识能力即智力水平越高的人，在审美活动中对对象的领悟就越深刻，审美情感反应就越强烈。智育主要培养的正是人的智力，所以对美育必然具有促进作用。其次，美育离不开理性的指导作用，美育就是要把理性渗透到感性的个体存在中去。理性思维由于能够揭示事物的本质，从整体上把握事物，因而能更好地指导人的实践活动。美育作为一种教育实践同样离不开理性思维的指导。如此，为了深入地理解美的本质，获得更深刻的美的感受，美育就不能停留在美的感性认识上，必须上升到美的理性认识。因此，美育和智育的结合是必不可少的。

3. 美育与体育的关系

美育以提高人的精神素质为目标，体育则以提高人的身体素质为目标，二者密切相连。高尚的精神世界，有利于促进身体的健康；健康有力的体魄，是实现人的美好理想、促进人的精神生活提高的物质基础。所以，只有从人的全面发展的角度来认识美育和体育的关系，才能更好地把握美育与体育的关系。

现代体育的一个重要特点是注重身心协调发展，以人的全面发展为宗旨的现代教育决定了体育不应是单纯的身体教育，而应该是以身体教育为主要途径的人的教育。体育的一个重要目的是增进健康，而健康不仅是生理学的意义，它包含着身体机能的健康和心理功能的健康。美育通过美的熏陶和情感教育，恰恰可以使个体获得丰富的精神价值和心理功能的健康。就是说，美育和体育在塑造人的内在美和外在美方面，起着互相协调、相互促进的作用。

从文化性质和功能上来说，美育与体育都以活动本身为目的。两者的教育过程本身就是一种生命活动，它本身就是一种目的。如果说道德活动和认识活动总以活动的结果为目的，那美育与体育的目的就在于活动过程本身。虽然美育与体育都包含知识、技能、技术及道德的学习，但这些因素只是手段，不是根本目的，它们都服从于身心协调发展的根本目的。此外，美育与体育都是人的身心全面投入的活动。美育通过美的熏陶和情感教育，促进全身心的协调发展；体育则通过身体的运动促进心理方面的发展和提高。身心全面协调发展的教育理想是美育和体育的基本前提和共同的基础，二者都直接体现了培养全面发展的个性的现代教育和宗旨。

体育对美育也具有促进作用，表现在两方面。第一，体育作为身体的教育，具有促进人体健美的功能。体育活动可以使身体发展充分健全，骨骼匀称，骨肉丰满，皮肤光滑而有弹性，这本身就具备了美的意义，比如健美操就是人对自己的身体进行健美塑造的一种创造活动。第二，体育作为身体协调自由的活动，使运动者和观赏者产生强烈的审美体验。体育活动中常常伴随着审美的情感体验。在伴有音乐的艺术体操和滑冰中，人们可以获得视觉、听觉的审美愉快，就是运动者本身也会产生审美愉快。这种体验一方面来自运动中的自我实现感受；另一方面，运动的节奏感也蕴含着和谐自由的美感体验。随着人类文明的发展，体育越来越成为一种给人提供审美享受的运动，体育运动的观赏性越来越强，各种各样的体育运动项目为人们展示了精彩纷呈的审美对象，在这一点上，体育观赏也包含着促进个性情感表现和升华的美育功能。

美育对体育也有着重要的促进作用，表现在三个方面。第一，在体育中引进美育原则，发掘体育实践和教学过程中的美育因素，可以克服单纯身体锻炼的片面倾向，从而促进身心的协调发展。第二，在体育过程中，培养必要的审美能力，是掌握某些运动技能与技术的重要前提。比如音乐教育有利于培养人的节奏感，舞蹈教育有利于培养身体的协调能力等。因此，从美育的方式入手，发掘人的美感潜力，可为体育运动打下良好的基础。第三，美育可促进生理和心理的和谐与平衡，而良好的心理素质和状态，也是体育运动的基础。具有较高审美素养的人，往往能比较自如地调节内心的平衡，也能够使自己迅速地兴奋起来，这种心理能力正是体育运动非常需要的。

二、美育的特征

为了更好地开展和实施美育，要深入研究和了解美育区别于其他教育的特征。美育的特征主要表现在以下四个方面：

（一）美育的形象感染性

美育通过各种美的事物来育人，引起人情绪上的波动，以达到陶冶和教育人的目的。美育具有形象感染性的特点。

美育的这个特点是由作为教育手段的美本身的特点决定的，因为各种形态的美，无论是自然美、社会美还是艺术美，都是以具体的、可感的形象形式表现出来的，离开了具体的形象就没有美。所以，形象在美的领域中占着统治地位。在审美教育活动中，正是那些多姿多彩的美的形象，唤起了我们的审美情感和审美欲望，使我们得到了美感享受和精神上的愉悦，从而达到"怡情养性"的目的。

在大自然中，那高耸的山峰、浩瀚的海洋、一望无际的草原、姹紫嫣红的鲜花等，无不令人心旷神怡、流连忘返。

自然美如此，社会美（包括精神美、人格美、生活美等）也如此，都是以具体形象来感染人、教育人的。

艺术美是社会生活和自然的审美反映，是美的高级状态，它的形象较之现实美更集中、更生动、更鲜明。艺术美正是通过生动的形象给人以审美享受和教育的。

在审美教育中，美的事物是教育的手段，因此，无论是从审美教育的内容来看，还是从它引起受教育者的审美感受来看，审美教育始终离不开感性形象，形象感染性是其独有的特征。

（二）美育的情感体验性

在美育过程中，受教育者对美的接受过程实际上是一种审美过程，而审美过程就是对对象的情感体验的过程，这就决定了美育具有情感体验性特征。

当然，审美的情感体验性又是由美的无概念性所决定的。康德曾指出，审美是一种趣味判断或鉴赏判断。它不同于单纯的快感，也与逻辑判断不同。逻辑判断涉及概念，而趣味判断不涉及概念，只涉及对象形式。所以，趣味判断不是一种理智的判断，而是一种情感的判断；不是逻辑的判断，而是体验性的感悟。

美的形象之所以能引起人的审美情感，是由于它肯定了人的本质力量，凝结着人的创造智慧与理想，因而最容易与人的情感相沟通，给人带来欢乐和精神鼓舞。一个人审美情感的产生不会是无缘无故的，必然是情感体验的结果。体验具有亲历性的特点，是人的一种基本生命活动，带有"以身体之，以心验之"的含义。在审美体验中，主体从对审美对象的形式、形象的感知进入其内在意蕴、意味的层次，进入意义的世界、情感的世界。

美育是一种情感体验性的教育，而情感的教育与开发只能通过情感的作用来实现。

（三）美育的审美自由性

在审美的国度里，每一个人都是自由的公民。美育作为审美的一种方式，其整个过程是自由的，它使人的情感、个性得到了自由的舒展。

美育的自由性从根本上说也是由美的本质特征决定的。美是非功利的，因此美成为自由的象征。美是不涉及利害和概念的纯形式，即自由形式；审美不受利害和概念的纠缠，是自由的心灵活动。美是内容和形式的统一，是对象的形式特征表现人的自由创造活动内容的感性形象，美是劳动中、实践中自由创造的结果。总之，美、审美是自由的，从而美育是自由的。

在处于自由状态的审美活动中，人只有成为真正的审美主体，人的主体性才能得到充分的发挥。人的审美自由是与人类的整个社会实践和社会条件密切相连的，而且体现为一个发展的过程。自由是对必然的认识与对客观世界的改造。但是，人类的审美活动不同于其他活动，就在于它既表现为一种主体性活动，同时又是一种对象性活动，这是人的生命活动的自由本质的反映。

审美的自由性特征决定了美育只能以自由而不是强迫的方式进行。一个人可以在强制状态下做某件事，却不可以在强制状态下去爱或恨某事、某人、某物。美育中受教育者对美的体验及由此产生的爱或恨都是自由自觉的，不受任何限制，这是美育与其他教育的不同之处。智育与德育固然重要，也要调动受教育者的积极性与自觉性，但学科本身的严肃性与逻辑性决定了受教育者必须克制自己的情感，接受与适应理性思维的训练。德育的原则虽然是人为制定的，但也是对社会生活准则的反映，难免带有一定的强制性，否则无法维持人们正常的工作与生活秩序。而只有美育，由于它摆脱了狭隘的物质与精神的束缚，使得它在方式上是轻松自如的，是能够满足个人的情感爱好与心理需要的，是能使审美主体总是处于一种精神自由的状态的。因此，美育的一个重要特点就是"通过自由去给予自由"。

审美的自由性特点，要求美育必须遵循美自身的发展规律对人进行教育。美育，实际上就是把美的必然性转化为自由。这种转化，是一个不断丰富与深化的过程，所以，美育不是短期行为，不是一劳永逸的事情，而是要伴随着人的一生的。当然，对不同的人和人的不同发展阶段，美育的方式和内容也应该是有所不同的。

（四）美育的同化与超越性

审美教育能使人自觉自愿，主动积极地接受教育，又能使人于不知不觉中受到美的感染，如"随风潜入夜，润物细无声"，这就是美育对人的潜移默化的过程。在潜移默化中，受教育者不但被熏陶而同化，同时还能使人超越个人的局限、超越现实功利的束缚，进入忘我的审美境界。

美育的潜移默化是自然而然发生的，是在审美主体主动、欣然接受美的过程中发生的。人们在对美的自由欣赏中，往往会情不自禁地沉醉于赏心悦目的美的形象和情景，如对美丽自然风景的流连忘返、对优美音乐的聆听、在意蕴深沉的绘画作品面前驻足凝视、因幽默诙谐的戏剧发出笑声……在这个过程中，审美主体不仅感受到美的无穷魅力，而且还领悟出许多深刻的人生哲理并被同化，从而使自己在现实生活中自然而然地去追求美的理想和美好的生活方式。

美育的这种潜移默化的影响不是一朝一夕完成的，而是日积月累、逐步加深的"同化"过程。由于长期作用的结果，审美教育可使人形成稳固的心理结构和心理定向，从而对人的性格、气质、精神等产生长远而深刻的影响。经过长期的美的陶冶，人们会在不知不觉中感到不良的、低级的、丑恶的东西是不可容忍的。天长日久的审美教育，使受教育者的情感潜移默化地接受美的熏陶，精神境界趋于高尚，最终到达欲罢不能的境地。

人类创造的美总是体现着人对生活、对现实的超越性追求，体现着对世俗欲望的超越，也体现着某种超越性的创造。这就决定了美育必然具有超越性特征。它使得人们能够在接受美的教育过程中，超越世俗功利，超越现实的局限性，在创造性的想象中，实现由现实世界向审美世界的转化，实现从物质世界向精神境界的升华。

审美的超越性充分体现了人要不断开创更广阔的生存空间，不断地更新自我、提升自我，争取更高自由度的独特本性。审美的积极意义在于：在超越现实世界的各种界限的同时，开创了一个使个体的情感生命得以伸展、丰富与升华的人生的新维度。

审美超越最终归结于个体生存的自我超越。在审美中，无论是对物质实在性的超越，还是对社会现实的超越，都源于并体现了审美主体的自我超越。这种自我超越是对个体现实存在的否定，是向着更高自由的生存状态的飞跃。

审美世界对现实世界来说是一种理想，它属于未来；但对于个体生存来说，它又是一个真实的、现时态的心灵空间，是情感生命栖息、生长的寓所。审美的生活和诗化的人生，可使人生变得充实和高尚，从而超越充满物欲的世俗人生。审美超越不仅仅具有不断指向未来的意义，更重要的是它改变着人的生存状况，实现着人生境界的转化，激发和更新着我们的生命。

第三节　美育的任务与资源

一、美育的任务

审美教育是实现人的全面发展的整体教育的重要组成部分。

（一）审美感受力的培养

审美感受力是人的审美知觉、审美联想、审美想象、审美领悟等多种能力因素的综合，是人类独有的一种在特殊情感体验状态下体现出来的审美认知与创造能力。过去，西方一些唯心主义美学家曾认为审美感受力受人的先天生理和心理因素影响。我们认为，审美感受力有先天因素，但主要是后天的审美训练和教育的结果。只有通过审美教育，积极参加审美实践，融入美的境界，直接感受、体验美的事物，才能逐渐提高自身的审美感受能力。美育的任务就是要通过审美教育，使受教育者对美的感受力不断地由浅入深、由低级到高级、由片面到全面，从而促进个人审美素质的提升。

审美感受力最基本的能力是审美知觉能力。审美知觉能力是人们进行一切审美、创造美活动的出发点，是审美能力中最基本、最初始的能力，通过审美感知，主体才能把握审美对象的感性状态，如颜色、声音、线条、形状等，进而获得美感。现实生活中的美是丰富多彩、无穷无尽的，关键在于我们是否能及时、敏锐地感受它、发现它。

审美知觉具有直觉性，审美知觉能力包含着直觉能力，所以，审美知觉能力的培养包含着直觉能力的培养。直觉能力是审美中一种特殊的知觉能力，它的特点是不通过概念和推理，直接从对象的形式把握事物的内在本质。如老农直接从天上云彩的形象对天气的变化做出准确的判断；医生从刚走进诊室的病人的脸色，对其病情做出准确的判断；裁缝师傅一眼就看出做衣人形体的数据；小孩一听脚步声就知道是母亲；等等，这种凭着对事物外在形式（形象）的审察直接把握事物本质的思维方式就是直觉。在审美活动中，美感的生成具有直觉性特征。

总之，审美就是直觉。这种能力是长期审美实践的结果。美育的过程也是培养人的审美直觉能力的过程。

审美知觉活动中往往展开联想、想象等心理活动而有所创造，所以，审美知觉能力的培养离不开审美联想能力和审美想象能力的培养。审美联想能力和审美想象能力，特别是审美想象能力，是人最具有创造性的心理能力。

（二）审美创造力的培养

培养与提高人的创造力是审美教育的直接落脚点，美育的目的就是创造更加美好的世界。创造是一种超越的实践活动，也是人的本质特性，一个人只有进行创造性的活动，才能够真正认识自我的力量，也才能够更好地生存和发展。

创造力一方面指专门的创造能力，如发现和解决新问题的思维能力、发明与制作新事物的实践能力等；另一方面指不断实现和更新着的生命活力，是健康的个体生命的基本特质与能力。后者是创造性的基本内涵，又是前者的基础与源泉。创造性思维不同于常规而有新意的思维活动，是人才素质中最重要的组成部分之一。美育则是情感自由解放的过程，具有解放无意识，并使情感得到释放的功能，从而能减轻对深层心理活动的压抑和束缚，使情感不断受到激发，保持旺盛的活力，成为创造性思维的源泉。

美育的任务之一就是激发人的创造力，主要表现在激发和丰富个体生命，使之具有自发涌现的创造欲望和动力，从而为思维和实践的创造打下基础。我们知道，个体创造性发展的关键期在童年，儿童时代是创造性发展最自由、最迅速的阶段。美育，特别是其中的艺术教育是开发和培育儿童青少年创造性的最佳教育形态。以自由创造为本性的审美、艺术活动可以充分促进人特别是儿童创造力的发展；而且，有连贯性的审美教育还能使个人在成年之后仍保持着活泼健全的"童心"，从而使创造性得到持续的发展。

审美创造力的心理机制主要由审美联想力和审美想象力构成。

1. 审美联想力的培养

人在感知外部世界时，由一事物的刺激而想到另一事物，或由一物引起对他物的回忆的心理现象，叫作联想。联想是一种内部信息的交换过程，是外来的信息同大脑中原有的储存的信息相沟通而实现"表象回忆"或"表象转移"的过程。联想作为一种心理能力被称为联想力，美感活动中的联想即审美联想，而审美心理能力就叫作审美联想力。

审美联想可以使审美活动获得更丰富的审美信息，建构出更丰富的审美意象，引起更强烈的审美愉悦。

联想包括相似联想、接近联想、对比联想、因果联想等。审美联想能力包括这几种联想能力。

相似联想指由一事物想到与之具有相似性质或形态的另一事物的联想，也叫类比联想。

接近联想指由甲、乙两事物在空间或时间上的接近而引起的联想。

对比联想指由某一事物的感受引起和它相反性质或特点的事物的联想。

因果联想指由一事物想到与它有因果关系的事物。

以上四种联想的心理能力在审美活动中具有重要的意义，可以说，没有审美联想就没有审美想象，就没有审美创造。

联想能力来自生活经验的积累。在生活中获得和贮存的信息越丰富，直觉能力和联想能力就越强。一个总是生活在一个小圈子中的人、见世面少的人，生活贫乏，这两种能力必然低下。科学测定表明，人脑在 1/10 秒中可能接受 1000 个信息单元，称为比特。可见，人脑贮存的经验信息量是相当大的。一般来说，年龄大的人贮存的经验信息量比年龄小的人多，生活圈子大的人贮存的经验信息量比生活圈子小的人多。但因为现代生活信息不全来自亲身实践，还大量来自书本和各种现代电子媒介，所以现代人贮存信息的多少已非单以年龄论定了。这就是说，要提高自己的联想能力，除了直接的生活经验外，还要通过书本和各种现代电子媒介摄取更多的知识。

2. 审美想象力的培养

人在感知外部世界时，对已感知的事物形象（表象）进行加工改造而形成新的形象的心理活动就是想象。想象是重新组合表象的心理活动，其作为一种心理能力，又称为想象力。在审美活动中，想象就是人们对已感知的美的事物形象进行加工改造，形成新的审美意象的心理活动，这种能力就是审美想象力。换句话说，审美想象力是人们在直接观照审美对象的基础上，调动过去的积累，对审美对象进行补充、完善或对各种表象进行重新组合，从而创造新的对象的一种能力。

想象最突出的特点就是创造性。审美想象是一种创造性的思维活动，通过想象，人们可以创造和认识没有感知过的事物和形象；还可以超越时空的限制，打破生死、人神的界限，创造新鲜的、丰满的、奇特的审美意象，使之比原来已知的形象更引人入胜，激起人们更加强烈的兴趣，从而极大地丰富人们的精神，以致有人说，美感就是"想象的乐趣"。就艺术创作而言，可以说想象是最根本的独创能力。

想象与联想关系十分密切，可以说你中有我，我中有你，难以区分，以致有人把两者当作一回事。其实它们是有区别的。第一，联想侧重追忆，由一物想到另一物，较保守，侧重过去，不一定创造新形象；想象侧重未来，以创新为主，常常创造并形成新形象。第二，联想较被动，由一物想到另一物时受到原先事物较大的限制；想象较主动，可以超越原来的事物主动构成新的形象，思维更纵横驰骋。所以，想象不等于联想，但想象必须以联想、追忆为基础，可以说，没有联想就没有想象，而没有想象就没有创造。

想象力分为以下两种。

第一种是被动性想象力。被动性想象力指受知觉对象牵制、不脱离知觉对象的想象力，即表象的重新组合是以眼前的知觉对象为基础或原型的，所以也称为知觉想象力。如阅读文学作品对人物形象的想象，是不能离开文本的。

第二种是主动性想象力。它指由一物的触发而引起对记忆中各种表象的新的综合的想象，有人称为综合想象力。在这种想象中，想象主体不被触发物所牵制，而是充分发挥主观能动性进行自由创造，所以，相对于被动性想象，可称为主动性想象。主动性想象创造出的新形象有以下两种情况：

一种是新形象包含着原触发物形象，但已滋生出许多原触发物没有的新的形象因素，与原触发物形象相去甚远。

另一种是新形象完全摆脱了原触发物形象，最后想象创造出来的形象是全新的形象。

审美想象力是一种重要的思维能力，它需要一定的学习和审美训练才能逐渐发展起来。美育的重要任务就是要培养这种想象力。

二、美育资源与艺术教育

（一）美育资源

审美教育的资源是多种多样的。自然美、社会生活美、艺术美都是审美教育的资源。

1. 自然美资源

大自然之美，美在大自然的丰富多彩。如同是名山，却有不同的面貌，历来有"泰山天下雄、黄山天下奇、青城天下幽、峨眉天下秀、华山天下险"的说法。即使是同一片山，各个山峰也往往各有特点。大自然的美也表现在大自然的勃勃生机上。大自然以其绮丽的风光、绚丽的色彩和蓬勃的生机而呈现出各种美丽的风貌，是实施美育的极好资源。

2. 社会生活美资源

日常生活中，也处处存在着美，这也是审美教育的重要资源。中国古人就特别注意到日常生活中的美，也特别重视在普通的日常生活中营造美的氛围。中国人喜欢喝酒，他们在酒香中创造了一种美的生活氛围。

节庆假日中，也处处有着美的因素。节日中，人们的生活变得丰富多彩。如除夕，自古就有守岁、贴门神、贴春联、贴年画、挂灯笼等风俗，流传至今、经久不息。春联以工整、对偶、简洁、精巧的文字表达美好愿望，是我国特有的文学形式。在贴春联的同时，一些人家要在屋门上、墙壁上、门楣上贴上大大小小的"福"字，寄托人们对幸福生活的向往，对美好未来的祝愿。放爆竹是节日的一种娱乐活动，可以给人们带来欢愉和吉利。除夕前后，人们都挂起象征团圆意义的红灯笼来营造一种喜庆的氛围。春节更是民众娱乐狂欢的节日。元日以后，各种丰富多彩的娱乐活动竞相开展：耍狮子、舞龙灯、扭秧歌、踩高跷、杂耍诸戏等，为新春佳节增添了浓郁的喜庆气氛。元宵节是春节之后的第一个重要节日，在这一天有出门赏月、燃灯放焰、喜猜灯谜、共吃元宵等传统风俗，还有耍龙灯、耍狮子、踩高跷、划旱船、扭秧歌、打太平鼓等传统民俗表演。端午节有赛龙舟、挂艾草与菖蒲、吃粽子、戴香包、饮雄黄酒等活动。中秋节赏月和吃月饼是中国各地过中秋节的必备风俗。中秋之夜，仰望明月，闻桂花香、喝桂花酒，阖家欢乐，成为节日一种美的享受。重阳节多有出游赏秋、登高远眺、观赏菊花、遍插茱萸、吃重阳糕、饮菊花酒等活动。这些活动也是富有审美因素的。

3. 艺术美资源

大自然的美、社会生活（包括节庆假日）的美都是重要的美育资源。但美育资源中，最重要的是艺术的美。艺术教育是实施美育的主要手段。这是因为，优秀的文学作品所描写的大自然是杰出诗人、艺术家用自己的眼睛看到的大自然，优秀文学作品所描绘的大自然已经包含了艺术家的智慧和敏锐的感受力。对此，无论是诗也好，画也好，音乐也好，雕塑也好，在它们成为艺术品之前，首先必都是艺术家心中的意象。造成这意象的便是艺术家的知识和智慧，便是艺术家的心灵的美。经过艺术家的一番陶铸经营，才把它外化为有形的、具象的美，那就是人们所爱好的艺术品。

审美教育中，艺术作品的欣赏具有特殊的意义。可以说，美育的实施首先就是接受古今中外优秀的艺术作品。通过欣赏艺术作品而培养欣赏美的能力，获得一种审美的眼光，以此眼光看待大自然和生活，这是审美教育的关键，也是美育的实施途径。艺术作品培养了人感受大自然之美的能力。

（二）艺术教育

艺术教育具有多方面的功能。首先是培养人的感性能力。感性能力，即是与形象、形式打交道的能力，包括感知能力、形象记忆能力、联想与想象能力，这些都是人的重要的能力。

1. 培养人的感知能力

艺术教育首先是一种形象的、形式的教育。以美术为例，常人对于颜色的区分仅仅局限于赤橙黄绿青蓝紫，以及这几种颜色屈指可数的几种不同程度的变化颜色。然而，作为美术的基本素养之一，却需要敏锐地察觉到几十种甚至上百种颜色的变化与微小差异。根据心理学的研究我们知道，人类在任何一项技能中习得的品质和习惯都会内在地成为作为"人"的品质和习惯。美术学习中对于颜色的敏感性也必然会内化为一种敏感性的品质。再如音乐，常人只知道七个基本音级和五个变化音级，然而，通过音乐艺术的学习，可以逐步培养出学习者对于泛音列、微分音的辨识力，从而内化为"人"对于事物的敏感度。文学也是如此，阅读文学作品，无疑会提高人对语言的丰富含义的感受。

2. 培养人的形象记忆能力

艺术教育也培养人的形象记忆能力。人的形象记忆能力也是一种非常重要的能力。人只有把感知得到的形象记忆到自己的内心，才能建构起自己的心理世界。形象记忆对想象力也有重要的作用。

形象记忆是感知得来的，但它又是感知的基础。不存在没有充满记忆的知觉。借助我们当前感觉的瞬间资料，我们又从自己以往的经验中选出上千个细节，并把它们混合起来。在大多数情况下，这些记忆取代了我们的实际知觉，我们只把为数不多的暗示保留在实际知觉中，而仅仅把它们用作能使我们回忆起先前形象的"符号"。知觉的方便性和迅速性就是以这样的代价换取的。

3. 培养人的想象力

艺术教育培养人的创造力。构成有效思考的另一个因素是想象力。想象力是根据具体的思想和形象进行思考的能力。它能细致地体察我们人类的希望、恐惧、优点和缺点，并能在最具体、最完整的意义上唤起健全的人格。在实际事务中，想象力提供了一种打破习惯和常规、帮助人们看到平淡无奇的事物之外的世界或构想出新方案的能力。它不只属于艺术家，也是发明者和革新者的动力。

诗有触类旁通的道理，所谓言在此而意在彼，言有尽而意无穷，从有限可见无限，诗的引人入胜处也就在此。作诗和读诗都需要既见此人此物此事，又见此人此物此事以外的广大天地。

想象的特点就在于能在表面极不相似的事物之中发现类似，把在自然中原来是分开的东西结合起来。这就是创造新事物的过程。诗人教会我们用他们的眼睛来看世界，来认识到有限中的无限，因而从自我的窄狭天地中解放出来，发现这世界永远是新鲜的，这生活是值得生活的。想象力就是"触类旁通"的能力。这就是说，美育、艺术教育与智育有着非常密切的关系。而且，诗是人的"解放"。

思维总是企图界定某种事物，划定某种事物的界限，但这种界限是不能绝对划定的。我们应该承认思维的局限性，但也正是思维逻辑走到尽头之际，想象却为我们展开一个全新的视域。想象教人超出概率性和同一性的界限，而让我们飞翔到尚未实际存在过的可能中去。但尚未存在过的可能性并非不可能，想象的优点也正在于承认过去以为实际上不可能的东西也是可能的。想象扩大和开拓了思维所把握的可能性的范围，达到思维所达不到的可能。思维的极限正是想象的起点。想象是超逻辑的——超理性、超思维的。逻辑思维以及科学规律可以为想象提供一个起点和基础，让人们由此而想象未来。思维以把握事物间的相同性（同一性、普遍性）为己任；想象以把握不同事物间即在场的显现的事物与不在场的隐蔽的事物间的相通性为目标。对后者的追求并不排斥对前者的追求，只是后者超越了前者。我们说想象是超理性、超思维、超逻辑的，就是这个意思。

4. 培养人的同情心

艺术培养人的同情心。艺术让人能够接受他人的精神经验。艺术作为社会现象，其存在的意义在于，它使个别人积累起来的精神经验变为社会的财富，即从一人传给另一人，从一代传给另一代。艺术的产生是为了尽善尽美地组织人们的交往，艺术在人类历史的全部时期内，始终被人们用来实现这一首要目的。对于个人来说，艺术的价值在于它使个人参与另一个人的精神活动，能够以特殊的灵敏和充满诗意的热忱理解世界。换言之，艺术使人能够获得莎士比亚、伦勃朗以及贝多芬的天才所创造的东西，从而变得更加聪明、更加敏慧，精神上更加丰富。艺术更能够让个体了解自己的内心世界。艺术家还有更重要的能力：它能获得并传播另一类信息，即它能揭示发生在人的心理和个人的精神世界深处的极为复杂的过程。多亏艺术，人类才得以深刻而细致地理解人的心理、人的感情，思想和意志的相互联系。

在此基础上，艺术让人获得了感受、体察他人内心世界的能力。能够对他人的情感、他人的喜悦与悲伤感同身受，也就是说，艺术让人具有深广的同情心。在艺术家、文学家那里，我们可感受到人可以有着怎样的情怀。他们不仅关心别人，关心自己的同胞，甚至关心、顾惜一切生命。

文学艺术的教育在培养人的同情心方面有重要和特殊的意义。不仅仅因为文学艺术作品展示了文学家、艺术家的情怀，也因为文学艺术培养着、丰富着人的想象力，而同情心的发展有赖于人的丰富、活跃和逼真的想象能力。

第二章　高校美育美学体现

第一节　形式美与自然美

一、形式美

一个审美对象之所以能吸引人、感动人，引起人们强烈的美感，首先是由于这个审美对象的外部表现形态激起人们感官的注意，进而诱发人们去欣赏它，追求它所显示的内在精神美。为了更好地欣赏美、感受美、创造美，就不能不对形式美的审美特性及其组合规律做一些研究。

（一）形式美的内涵

形式美包括两方面的含义：一是具体的美的形式；二是抽象的形式美。具体的形式美是指美的事物的外在形式所具有的相对独立的审美特性；抽象的形式美是指某些既不直接显示出具体内容，又具有一定审美特征的美。通常，人们所说的形式美，是指构成事物的物质材料的自然属性以及它们的组合规律所呈现出来的审美特性，即相对于抽象而言的具体的形式美。所谓抽象的形式美，就是美的内容的存在形式，通俗地说，就是美的事物所具有的色彩、形状、线条、声音等因素有规律的组合形式。

形式美体现在一个具体事物的外形时，它的审美特性也必然随着时间、地点、场合的变化而变化。例如在严寒的北国穿一件裘皮大衣，就显得庄重大方，不失为美。但如果在盛夏的江南穿一件裘皮大衣，不但不美，而且令人怀疑是有病。名人字画挂在客厅里显得很高雅，若挂在仓库里就显得很不雅观。抽象的形式美与具体的形式美不是同一个概念，二者既有联系又有区别。如果把抽象的形式美看作共性，那么具体的形式美就是个性。抽象的形式美是共性与个性的关系。没有个性，就无所谓共性，共性寓于个性之中。因此，在讨论形式美时，既要考虑它的相对独立性,又不能与具体美的形式完全割裂;否则,容易犯形式主义的错误。

(二) 形式美的审美特性

人的眼睛和耳朵是两种主要的审美感官。色彩、形状、声音等是客观美的事物的自然属性,这种自然属性具有一定的审美意义。即人们可以通过自己的感觉从色、形、声中获得某种情感意味。如果这些色、形、声是有规律的组合,那么人们就有可能从中获得某种美感。

1. 色彩的审美特性

色彩能向人们传达出一定的情感意味,它能引起人们的情感反映,引起人们的联想。如红色容易使人想起火,产生温暖、热烈、兴奋的情绪;黄色容易使人想起灿烂的阳光、黄金、麦浪、铁水奔流,感到明朗、喜悦;蓝色容易使人想起天空和大海,产生安静、平和的情绪;绿色容易使人想起春天嫩绿的植物,产生欣欣向荣、蒸蒸日上、生机盎然的感受;白色容易使人想起雪,带有纯洁、凉爽的意味;黑色容易使人想起黑夜,产生阴郁的感受。不同色彩所引起的人们种种不同的感受和联想,是人们在长期实践中积累而成的。由于世世代代的传统习惯不同,不同的国家、民族在某种色彩与某种特定的内容之间形成比较固定的联系,因而某些色彩便获得了一定的象征意义。例如在中国,红色与火、血相联系,意味着热情奔放,不怕流血牺牲,从而成为革命的象征;黄色为帝王之色,象征皇权、高贵。在欧美,黄色就没有这种含义,甚至被认为是最下等的颜色。在中国的京剧脸谱中,色彩又被赋予人物性格的特定意义:红脸表示忠义,黄脸表示勇敢而残暴,蓝脸表示刚强,白脸表示奸诈、阴险,黑脸表示憨直、刚正,绿脸表示粗鲁、野蛮。总之,不同国家、不同民族、不同时代对色彩往往赋予不同的含义,因而,色彩的审美特性具有丰富多样的内容。

2. 形状的审美特性

形状由线条构成,因而,线条便成为造型艺术的术语。线条可分为直线、曲线和折线,这三种线条所显示的审美特性各不相同:直线表示刚强、正直,给人以庄重感;曲线表示优美、柔和,给人以运动感;折线表示转折、断续,给人以突然感。各种线条有规律的组合带有明显的感情意味。垂直线给人以稳定感和均衡感,表示严肃、庄重,如旗杆、纪念碑就是垂直线造型的。水平线表示平稳、安宁,给人以安静感。斜线表示兴奋、迅速、骚乱,给人以不稳定感或运动感。

利用线条造型传情是我国绘画、书法艺术的优良传统。底面水平的金字塔式的三角形给人以明显的稳定感；倒置的三角形则使人有很不稳定、随时就要歪倒的感觉；正方形含有方正刚直的意味；圆形则给人以周而复始、自我满足的感觉。圆锥体、正方体、长方体、球体的审美属性大体与平面图形相似或相近。这些平面形、立体形的一般审美特性，在建筑、工艺、雕塑、摄影、绘画、书法等艺术门类中都有着广泛的应用。

3. 声音的审美特性

声音是物质振动而发出的，它具有物质的自然属性。人们凭借自己的听觉和生活经验，根据声音的不同，能判断出外物的性质、远近和方向。例如人们单凭楼梯上的脚步声，就能知道来的是哪位熟人；单凭笑的声音，就能知道熟人笑的状态；听到某种蝉或鸟的叫声，就能知道是什么季节。声音不仅具有传递信息的作用，而且还具有审美功能。例如喜鹊的叫声和乌鸦的叫声给人的感受就不一样，孩子们的歌声和猿猴的啼叫给人的感受就更不相同。嘈杂而无规律的噪声令人头昏，和谐而有规律的声音则能使人感到悦耳动听。如果对自然界的声音加以选择，并按照一定的旋律、音调、快慢、节拍、曲式进行组合，就可能产生优美动人的音乐，唤起人们某种美感。可见，声音这种自然属性经过选择、加工便可产生审美效能。

在声音的审美效能中，最为突出的是它的表现功能。《乐记·乐本》对音乐的表现功能说得很明白："乐者，音之所由生也；其本在人心之感于物也。是故其哀心感者，其声噍以杀；其乐心感者，其声啴以缓；其喜心感者，其声发以散；其怒心感者，其声粗以厉；其敬心感者，其声直以廉；其爱心感者，其声和以柔。六者非性也，感于物而后动。"由于人心感之于物，所以产生的哀、乐、喜、怒、敬、爱之情，发出的声就有杀、缓、散、厉、廉、柔之别。这是我国古代哲学对音乐的唯物主义的解释，有些创作者运用移情手法使外物之声带上了感情。例如"东风知我欲山行，吹断檐间积雨声"，显然带上了听者的主观色彩，至于借声抒情者则更数不胜数了。可见，声音不仅是人们进行音乐创作的源泉，也是抒发感情的工具。

（三）形式美的组合规律

人们在长期的社会实践中发现并总结出某些形式美的组合规律，同时，人们又自觉地运用了这些组合规律，创造出无限多样的美的事物，创造出各具特色的审美对象。学习并掌握这些组合规律，对于我们更好地去感知、理解各种审美对象，提高我们的审美能力，无疑将会起很大的作用，对于我们表现美、创造美也有很大帮助。下面介绍人们在社会实践中发现并广泛运用的几种组合规律。

1. 单纯统一规律

单纯统一规律是形式美中最简单的规律。所谓单纯统一规律，是指各种物质材料按相同的方式排列组合，形成单纯的反复，从而产生整齐一律的美感效应，如蔚蓝的天空、碧绿的湖面、一望无际的绿色草原或金色的麦浪、明亮如水的月光等。色彩单纯统一能使人产生一种单纯、整齐的美感。人们运用这一规律，创造出了许多感人至深的审美对象。农民插秧时，保持一定的株距和行距，行与行之间、株与株之间都整齐一律，给人以整齐的美感。农民种庄稼时，为了充分利用耕地面积，便根据作物的特点进行套种。如每隔几行大豆种几行玉米，多次反复，形成若干层次。这样，从整体上看，仍然整齐一律，并给人以有节奏而又整齐的美感。织布工人利用这一规律，使同一图案有规律地反复出现，织出的布夹杂而不乱，给人以鲜明的秩序感和节奏感。有规律地进行反复是事物发展的正常规律。昼夜交替，春秋代序，脉搏跳动，走路时两臂的前后摆动，工作、学习的一张一弛等都是有规律地进行反复。这种反复就是生活中的节奏。这种生活节奏是人类生活所需要的，因而整齐一律容易引起人的美感。反之，杂乱无章、结构无序会使人产生乱七八糟的反感。有节奏的反复不仅出现在工业、农业中，各门艺术的创作也常利用这一规律。音乐中的节拍、舞蹈中的动作反复、律诗中的音节、建筑物上门窗的排列、戏剧中紧张场面与抒情场面的交替安置、书法中的刚柔结合等都是这一规律的具体体现。

2. 对称均衡规律

对称是指以一条线为中轴，左右（或上下）两侧均等。如人的眼睛、耳朵、手足都是对称的。人体美确实在于各部分之间的比例对称。试想，如果人的两只眼睛不对称，或一上一下，或一大一小，都缺乏美感，歪鼻子斜眼、缺胳膊少腿也是不美的。不少动物的正常生命状态也是比例对称的。甚至部分植物的叶、花瓣也是比例对称的，因而也是美的。试想如果马有三条腿、一只眼、一个耳朵，那么这匹马可能是个怪物，失去马固有的美。对称具有安静、平稳的特性，它还具有衬托中心的作用。例如天安门两侧的建筑，可以衬托出天安门的中心位置。故宫这一建筑群也是很讲究对称的，各个建筑都是在一条由南到北的轴线上展开的。从正阳门到太和殿全长 1700 米，这条轴线两侧的建筑都保持对称。在建筑的整体中突出了太和殿的中心位置。建筑师、工艺师、画家、雕塑家、工人、农民利用对称规律创造出了许许多多的审美对象，这样的实例数不胜数。

均衡的特点是两侧的形状必须相同，数量也大体相当。均衡较对称有变化，可以说是对称的变体。均衡在静中倾向动，如故宫建筑群，不仅对称，而且还均衡。建筑本身是静止的，但由于形体布局有变化，却呈现出流动感。正阳门是序曲，太和殿是高潮，景山是尾声。整个建筑群高低错落，空间大小纵横。从景山上眺望故宫，屋顶高低起伏好像一片金黄色的波浪，很容易引起人们美的感受，产生种种联想。

3. 调和对比规律

调和对比规律可反映事物矛盾的两种状态：调和是在差异中趋向一致；对比是在统一中趋向对立。异中有同，同中有异。调和对比规律是事物发展的客观规律在形式美中的概括和总结。

调和是把两种相近或相似的事物并列在一起，给人以协调、融合、优美的感觉，如色彩中的红与橙、橙与黄、黄与绿、绿与蓝、蓝与青、青与紫、紫与红都是邻近色。邻近色在一起，就产生深浅、浓淡的层次变化。这种邻近色层次上的变化，使人产生融合、协调，在变化中保持一致的优美感。例如北京天坛的深蓝琉璃瓦与浅蓝色的天空和四周的绿树配合在一起，就显得很调和，给人以天地融合协调之感。杜甫的诗句"桃花一簇开无主，可爱深红爱浅红"，写出了桃花盛开时深红与浅红在一起相互融合协调的美景。画家也常利用这一规律创作出许多色彩鲜明、令人陶醉的优美作品。织布工人运用这一规律织出各种花布，深受广大群众喜爱。对比是把两种极不相同的东西并列在一起，使人产生鲜明、醒目、振奋、活跃的美感。例如色彩中的红与绿、黄与紫、蓝与橙、白与黑都是对比色。杨万里的诗句"接天莲叶无穷碧，映日荷花别样红"，红与绿相陪衬，色彩显得分外鲜明。杜甫的"白摧朽骨龙虎死，黑入太阴雷雨垂"，苏轼的"黑云翻墨未遮山，白雨跳珠乱入船"，这些诗句运用颜色的对比，加强了意境中的色彩效果。不同声音的对比，其审美效果更为鲜明，如"蝉噪林逾静，鸟鸣山更幽"，为了突出山幽林静，以鸟蝉的叫声做陪衬。寂静的环境往往要靠声音来烘托，又如"宁静的深夜有蛐蛐的几声叫，这深夜就显得更宁静。战斗开始前的几秒钟，万物寂静，只听到指导员手表的时针走动声，就愈显出战前的那种严阵以待的严肃、紧张而宁静的气氛"。"会当凌绝顶，一览众山小"，这是形体大小的对比。画家为了突出山的高大，往往要画几棵树或几个人来烘托，没有树和人的烘托，山的高大就显示不出来，"烘云托月"就是这个道理。相声演员，往往是一胖一瘦、一高一矮，这样一对演员一出台，就给观众以滑稽幽默的美感，增强了表演效果。总之，调和对比规律，无论是在日常生活中，还是艺术创作中，都是被广泛运用的。我们在审美活动中，也要善于运用这一规律。

二、自然美

大自然瑰丽多姿，景色迷人，变化无穷，气象万千，多少诗人被陶醉，多少画家被迷住，多少英雄为之倾倒，多少游人流连忘返。欣赏大自然可以愉悦心情，陶冶情操；可以磨炼意志，增强体魄；可以扩大眼界，增长知识；可以培养情趣，激发灵感。大自然对人为什么有这么大的吸引力？为什么有人"登山则情满山，观海则意溢海"，而有人却"登山山无景，观海海无情"呢？可见，如何欣赏自然美，这里是有很大的学问的。

（一）自然美的展现

自古以来，人们对自然美有不同的解释。有的人认为，自然美就在于自然事物本身所固有的特性，如水有碧波如镜的宁静美、奔腾飞泻的动态美、清澈晶莹的纯洁美、映照复现的艺术美等。水的这些美的形态都是由水的透明、液体等自然属性表现出来的。与此相反，有人认为，自然物本身无所谓美或不美，所谓自然美，只是人的心灵判断与创造的结果。那么究竟什么是自然美呢？

马克思认为，自然美是"自然的人化"的结果。所谓"自然的人化"有三层意思：第一，作为万物灵长的人类本身是起源于大自然的，并由大自然逐渐演化而来；第二，人不但能认识自然，而且还能利用自然、改造自然，使之更好地为人类物质文明和精神文明服务；第三，人在认识、利用、改造自然的过程中，从自然中看到了自己的创造力、思维力、想象力、审美力，才会感到喜悦、感受到美。应该强调的是，并不只是被直接改造过的自然物才是"人化"了的，不只是直接为人类所支配的自然物才有"人化"的意义。许多自然物，正是在"自然人化"或"人化自然"的总体意义上获得了"人化"的属性而具备特有的审美价值。总之，自然物美或不美，归根结底是社会的产物和历史的结果。因此，在自然界中，凡是能引起人们美感的各种美的事物的自然形态，统称为自然美。自然美一般分为两种形态：一种是未经人加工改造的自然美，如晴空丽日、鸟语花香、狂风暴雨、雷鸣闪电、湖光山色、彩云霞虹、海市蜃楼、悬崖万丈、瀑布轰鸣、幽谷小溪、滚滚巨浪、大海怒涛等；另一种是经过人类加工改造的自然美，如小桥流水、园林亭台、万里长城、长江大桥、绿色稻田、金色麦浪、千里运河、山中楼阁等，这些自然美虽然经过人类加工，但仍然以其自然美的形式呈现出来。

自然的这两种形态经常是相互依存、互相渗透的，如黄山上汉代的石拱桥、历代牌坊群、石雕、木雕、园林楼台等。这些巧夺天工的人工建筑与自然风景融为一体，相映生辉，分外迷人。"黄山条条路，连着绝妙处。"黄山人历经数代凿成了黄山路，每条黄山路都有黄山人付出的甘苦，乃至生命。黄山的美，刻着历代黄山人意志的烙印。目睹黄山的天然美和经过人类加工改造过的自然美，彼此映照，浑然一体。这时，你会感到马克思关于"自然人化"和"人化自然"的思想是多么生动与具体。

(二) 欣赏自然美

我们了解自然美特点的目的是更好地欣赏自然美。人们对自然美的欣赏积累了不少的宝贵经验，这对帮助我们更好地欣赏自然美是很有借鉴意义的。孔夫子说过："知者乐水，仁者乐山。"他认为人之所以爱山水，就是由于山水体现着仁者、智者的美好德行。山可以使草木生长，鸟兽繁衍，给人们带来利益，而自己却是无所收获。水所到之处，不仅滋润着万物，而且还给万物带来了勃勃生机，这是仁者的表现，水由高向低流，舒缓湍急，循其理似义也。山和水的这种博大胸怀，似仁，似德。孔老夫子把自然美当成人类美好道德的象征的认识，对后世产生了深远的影响。这种"比德"观点的出现，说明人类对自然美的欣赏已从直接的物质功利性进入精神功利性的审美阶段了。

到了魏晋南北朝时期，人们对自然美的欣赏又出现了新的质的飞跃。山水画家宋炳曾经说过，自然山水为人之所好，不过是因为它能"畅神"而已。这种说法认为自然美能陶冶人们的情操、舒畅人们的心情。"畅神"观点的出现，标志着人们已经能从自然美的神韵、气质等方面去体验和欣赏大自然了。宋人周敦颐在《爱莲说》中说喜欢荷花是因为它"出淤泥而不染""中通外直""不蔓不枝"的自然属性同人的高雅、正直的神韵、气质品格相似。"比德"的思想以及"畅神"的观点对我们欣赏自然美有很大的激发、诱导、启迪的作用。当我们沿着林木茂盛的小径登上高山之巅的时候，会感到豁然开朗，天地一下子变宽变高了。我们看到大自然胸怀博大、宽广，它能够容纳万壑，汇集百川，养育千百万生灵，表现出无限仁厚、慈爱以及奉献精神。相比之下，那些只为个人钻营名利的人是多么渺小，互相钩心斗角的人是多么可悲，整天醉生梦死的人又是多么可怜！从而使自己心胸豁达，立志高远，情操逐渐高尚起来。

看到从乱石中夺路而出的清泉、从石缝里钻出来的小草，就会使人感到它们的生命力是如此旺盛、顽强。相比之下，人在生活中遇到的坎坷和挫折也微不足道了。

人们欣赏自然的经验极其丰富，归纳起来就是"观察想象"这四个字。所谓"观察"，主要包括以下三方面的内容。

第一，要学会选择适当的角度和距离。观察和欣赏自然景物，特别是静态的自然物，要选择好角度和距离。由于观赏者选择的角度不同、距离不同，对相同自然景物所观赏到的状况和面貌就不一样。黄山上有一块怪石，名叫"飞来石"，从不同的角度和距离去观察，形状各不相同：有时像个仙桃，有时像个南瓜，有时又像一个梨。黄山怪石很多，只要观赏者的位置选对了，就能看出这些怪石的各种形态，有的像人，有的像狗，有的像鸡，有的像猴子，有的像乌龟……故有"金鸡叫天门""天鹅下蛋""猴子摘桃""武松打虎""关公降曹""猪八戒"等。其实这些石头本身没有变化，只是由点到面欣赏的角度和距离不同，才呈现出这样或那样的形态。"山形步步移，山形面面看。"这是游山观景的经验之谈。因此，游山观景应走一走、看一看、悟一悟，方能观察出美妙之所在。否则，走马观花或始终站在同一个地方不动，就很难发现山中的美妙之处。

第二，观察自然景物要注意时间和天气的变化。同一自然物在不同的时间、不同的天气，会呈现出不同的色彩和状态。例如范仲淹在《岳阳楼记》中描写的洞庭湖春天的景色："春和景明，波澜不惊；上下天光，一碧万顷；沙鸥翔集，锦鳞游泳；岸芷汀兰，郁郁青青。"秋天的洞庭湖却是"淫雨霏霏，连月不开，阴风怒号，浊浪排空；日星隐曜，山岳潜形；商旅不行，樯倾楫摧；薄暮冥冥，虎啸猿啼"。因此，欣赏自然美要注意季节的选择。如果想登黄山观云海，那么最好选择5—10月。在这段时间里，黄山总有云海，似云非云、似海非海。登黄山观云海，似乎可听到云海的涛声，似乎能看到云海中的白帆。云游景生、云动景变、动中欲静、静中欲动，潮起潮落，似乎这黄山也动起来了。冬季游黄山，则为另一番光景：天地皆白，玉琢的山峰、雪塑的园林，还有那些青松、绿叶、雪梅、野海棠和叫不上名来的奇花异草与银白世界相映生辉，白鸟、白猫、白公鸡构成了童话的世界，神奇无比。如果要领略一下"沾衣欲湿杏花雨，吹面不寒杨柳风"的滋味，最好选择江南的杏花春雨季节；如果要观赏冰灯，那就应选择在寒冬腊月去哈尔滨；如果要看牡丹花，最好选择4月去洛阳；如果要登泰山观日出，那就最好选择秋、冬、春三季，因为夏季往往是云雨天气，不易看到日出的壮观景象。当然，雨中登泰山，也别有一番情趣。即使一日之内，早、午、晚景象也有很大差别。在这方面，欧阳修观察得很细，他在《醉翁亭记》中写道："若夫日出而林霏开，云归而岩穴暝，晦明变化者，山间之朝暮也。"碧野在《天山景物记》中，对"迷人的夏季牧场"那段精彩的描写更是色彩鲜明，引人入胜。雨前的早晨，牧场"那些被碧绿的草原衬托得十分清楚的黄牛、花牛、白羊、红羊，在太阳下就像绣在绿色缎面上的彩色图案一样美"。阵雨时，"每当一片乌云飞来，云脚总是扫着草原，洒下阵雨。牧群在云雨中出没，加浓了云意，很难分辨出哪是云头，哪是牧群"。而当阵雨过后，"雨洗后的草原就变得更加清新碧绿，远看像块巨大的蓝宝石，近看那缀满草尖的水珠，却又像数不清的金刚钻"。黄昏，"落日映红周围的雪峰，像云霞那么灿烂。雪峰的红光映射到这辽阔的牧场上，形成了一个金碧辉煌的世界，蒙古包、牧群和牧女们，都镀上了一抹玫瑰红"。静夜，"在月光或者繁星下，你就可以朦胧地看见牧群在夜的草原上轻轻地游荡。夜的草原是多么宁静而安详，只有慢流的溪水声引起你对这大自然的遐想"。碧野在这里把草原的早晨、黄昏、雨前、雨中、雨后、深夜所呈现的不同的景色都一一写出来了。可见，一天之内，同一自然景物也会发生很大的变化。因此，在欣赏自然美时，不仅要注意季节和时间，而且还要考虑到天气变化的情况。

第三，观察自然景物时，要注意观察自然物动态、动势、消长、隐现的变化。例如黄山的松，不生长在土地上，偏偏生长在悬崖峭壁上，腾云驾雾、奇形怪状、千姿百态。松抱着石，石抱着松，松连着云，云浴着松，有的形若老虎，被人称为"黑虎松"；有的像云雾中出现的龙爪，叫"龙爪松"；有的像两条龙飞舞在云海的上空，叫"双龙探海松"；有的像人在鼓掌，叫"迎客松"；有的像人在挥手告别，叫"送客松"等。松云相抱，时隐时现，时消时长，神奇无比。云和松是这样，山和水也一样。"山得水而活，水得山而媚。"大江东去，一泻千里，给人以壮美感；山涧小溪，涓涓细流，给人以优美感。黄山的桃花溪、三叠泉、天池、九龙瀑、"人"字瀑等，由于流水大小不同，动态不同，给人的感受也不一样。例如"人"字瀑，一泉分二流，形成"人"字形。历代多少游客在此望景生叹，悟出多少人生哲理。一滴水是渺小的，千千万万滴水汇成巨流，一往无前，势不可当。小溪浪花，小巧玲珑，令人喜欢；大风大浪，汹涌澎湃，激人兴奋。"山不在高，有仙则名；水不在深，有龙则灵。"这都是由于山水势态不同，给人以不同美感的例证。至于观看那些瞬息万变的自然景物，则更应该注意消长、隐现、动态、势态的变化，从中领略其美妙。例如海市蜃楼、霓虹云霞、风吹草动、花开花落等，如果不注意，就看不出那一瞬间的美妙。

所谓"想象"，就是指在细心观察的基础上，用联想去补充自然美的不足，用想象去丰富充实自然美，使之更理想化。我国当代美学家王朝闻曾经说过："看黄山在于自己的眼睛和耳朵。"美在于发现，美在于创造，美在于联想和想象。如果不去联想和想象，那么观赏黄山的石就不会发现什么"松鼠跳天都""天鹅下蛋""武松打虎""金鸡叫天门""关公降曹""仙人晒靴"等景观的神奇，也不会发现"双龙探海松""迎客松""送客松""龙爪松""黑虎松"等的美妙。有些自然景物如果不与传说联系起来欣赏，就没有什么趣味了。如我国有不少"望夫石"，其实"望夫石"只不过是突出在海边的一块礁石罢了。如果不与传说相联系，实在也看不出什么来。如果与传说联系起来，那石头的形象也就活了。唐朝诗人王建写望夫石时，是把无生命的石头作为有生命、有感情的妇人来写的："望夫处，江悠悠，化为石，不回头。山头日日风复雨，行人归来石应语。"现在虽然化为石头了，但等到远行的丈夫回来，她还会活过来说话的。至于那几千年的期待、辛酸、风风雨雨该从何说起，那就更需要观赏者去想象了。桂林阳朔七星岩里有一块三尺多高的好像女人立像的钟乳石。如果仅从形象上观察，那么最多也只能像个女人罢了。但石名为"刘三姐像"，这就会使人将其与刘三姐的许多故事联系起来。据说她在化为石头之前，还向她的情人白马郎唱了一首离歌：

少陪了，日头落岭在西方。

天各一方心一个，我俩多情水样长！

风吹石动天不动，河里水流石不流。

刀切莲藕丝不断，我俩明丢暗不丢。

这样，一个爱情忠贞、机智勇敢，富于反抗精神的女性形象就展现在我们面前。如果没有"刘三姐像"这四个字，那么这块像女人的石头，到底是望夫石，还是山峰岩石，还是树的姿态，只能是"类似"，不可能像雕刻的那样逼真，这就需要观赏者去想象了，通过想象赋予审美对象以更高的美学价值，从中得到更丰富、更深刻的审美感受。一种自然景物一旦通过合理想象被命名之后，就会越看越像，越逐步求精越有意思，甚至会用自己的想象去补充自然物形体上不足的部分。如本溪水洞的"玉象戏水"，"象"的头上根本没有眼睛和耳朵，但游客会把那叮咚的流水声误认为是象鼻戏水的声音，这是想象的作用。

想象是能动的，但不是主观的；想象是自由的，但不是任意的。在欣赏自然美的过程中，要充分发挥想象力的作用，首先，要注意观察客观审美对象的特点，在此基础上进行想象；其次，要联想传说、名人题咏等去想象；再次，要联想文艺作品去想象，如一首好的山水诗、一篇好的描写自然风景的散文、一些描写自然美的音乐等，都可以帮助我们去欣赏某些自然美；最后，还可以联系社会变迁及风土人情去联想和想象。只要我们学会观察、善于想象，就会逐步提高对大自然美的欣赏能力。

第二节　社会美与自身美

一、社会美

美不仅存在于自然领域，而且也存在于人类社会生活的各个方面。人们的劳动、学习、日常生活以及人体本身，到处蕴含着美。人是社会生活的主人，又是劳动实践的主体。因此，人是社会美的创造者，也是社会美的核心。

（一）社会美的基本特征

社会美是存在于社会领域中的美。在我们的日常经验中，经常能够感受和认识社会事物作为审美对象具有某种审美性质，并使我们能对它做出审美评价或体验。可见，社会美就是指社会生活的美。美是社会实践的产物，而社会美则是这种产物最为直接的存在形式。我们知道人类的社会生活是多方面的、复杂的、丰富的，其中最为基本的，则是生产劳动、阶级斗争和科学实验，与之相关的是人的思想品质和情操等。因此，社会生活中的美主要表现在经济、政治、科学实验，以及人的衣食住行、交际往来等方面，特别是集中表现在作为一定时代、阶级的主体的社会先进力量、先进人物的身上，美在他们的性格和行为中得到了突出的体现。

1. 社会美的形态

社会美的形态多种多样，可以这样说，现实生活中的美，除了自然美之外，都属于社会美，概括起来讲，主要有三个方面。

（1）劳动美

人按照预期的目的（合目的性），遵循自然的客观规律（合规律性），依据"种的尺度"和美的规律进行的，并体现了人的自由创造性的劳动就是劳动美。自由是主体在认识必然的基础上所获得的改造世界的可能性。自由不是无拘无束，也不是摆脱客观规律而独立，而是对必然的认识和利用。自然界人类社会的各种规律都是不依赖于人们的意志而存在着的客观的必然趋势。当人们未认识它们时，不可避免地处于盲目受其支配的地位，从而，也就谈不上自由。人们只有认识和掌握了客观规律，才能够自觉地加以利用，使其为自己的实践活动服务，从而也才能获得一定的自由。因此，所谓"自由创造"是指人掌握了自然规律并按照客观规律为实现自身的需求而进行的创造性的劳动。在这种劳动中，人把自身的聪明才智、人格力量投射到对象上，使之成为人的本质力量的一种确证，人的生命价值的象征，当人对这一劳动成果进行观照时，除了因物质的满足而获得愉悦外，更重要的是，由于从中看到了自身的价值，而产生自豪感和愉悦感，精神境界得到升华。这样，劳动便有了审美价值，成为审美对象。例如在农村，农民开荒、修路、造梯田、插秧、播种、收获，这是美的。在草原，牧民跃马扬鞭，牛羊满山遍野，这也是美的。"喜看稻菽千重浪，遍地英雄下夕烟"，就是对生产劳动美的热情讴歌。

劳动美具体体现为劳动环境的美、劳动过程的美和劳动产品的美。叶果洛夫（Yegorov）在《美的问题》中说，如果"劳动成为一种乐趣的时候，一切同劳动相联系的东西——从厂房、工具和机床，一直到服装——都应当使人感到乐趣"。

（2）社会进步的美

一部人类社会发展史，就是一部真善美不断战胜假恶丑的历史。在阶级社会中，阶级斗争是推动历史进步的重要动力之一。劳动人民为争取自身的合理愿望而进行的斗争是美的。统治阶级处在上升阶段时，它的斗争目标是和历史发展一致的，是符合历史发展的基本规律的，是和人的自由自觉的本质力量的发展相一致的，具有合目的性和合规律性，因而，也是美的。随着历史发展，一个特定的统治阶级，由新生事物代表社会进步的力量，逐步变成旧事物，失去其合理性，成为逆社会趋势而动、阻碍社会发展的力量。这时，它便由美的事物，变成了丑的事物。劳动人民不堪忍受统治阶级的残酷压迫，奋起斗争，打碎一个旧世界，消除历史发展的障碍，使它们的自由自觉的创造力量充分展现出来，从而推动历史向前发展。当然，在克服和战胜假恶丑的斗争过程中，有困难、有牺牲，同时，也有光明和希望。正因为这种斗争是正义的、有价值的，所以也就有了审美意义。英雄与烈士的行为是美的，败类和罪人的行为是丑的。因此，阶级斗争的实践，丰富、发展和提高了人的本质力量，使人们的行动越来越自觉地符合社会发展的规律和理想，体现为社会不断进步的美。

（3）日常生活和人际关系的美

日常生活美是指在人的衣、食、住、行等日常生活中产生和存在的美。日常生活美的种类很多，包括服饰美、居室美、饮食美等。服饰是指衣服和装饰品，服饰美的要求是：着装要与个人的体形相协调；要与时令相协调，即春夏秋冬，不同的节气要选择不同款式、颜色的衣服；要与风俗相协调；要与个性相协调。居室美原则是因地制宜、因用而置、因情造景等。饮食美是指食物、食器以及饮食活动中各种美学因素或相辅相成，或相反相成而呈现出来的美，既包括食品食器之美，也包括饮食活动中的技巧、礼仪和环境之美。日常生活美凝结着时代、民族和阶级的审美特点，经常地、持久地、潜移默化影响着人们的精神境界、审美趣味、审美理想，是生活美育的重要内容。人际关系美建立在人与人的社会交往的实践活动中，在人与人相互作用下产生。人际关系美体现为：诚挚守信，不欺诈，不爽约；互助友爱，不吝啬，不狭隘；礼仪周到，不粗鲁，不媚俗；随和自主，不盲从，不清高。总之，在日常生活中凡是促进人类进步和社会发展的行为，凡是体现人类健康向上的本质力量的行为，凡是能给社会、集体、他人带来利益、温暖和幸福的行为，都是美的。

2. 社会美的特征

（1）社会美重在内容

任何美都是内容和形式的统一，只是各种美的形态的侧重点不同。就社会美而言，则侧重内容，但也离不开感性的形式。社会美是通过感性形式显现出来的，有利于社会进步的"善"，即人对社会实践的需要、目的和尺度。社会美侧重体现进步的目的性和倾向性，凝结着合规律性的社会历史内容，直接为一定社会、阶级的利益服务，因而往往体现为一种精神力量、思想风貌、道德风范，诉诸人的思想和心灵。例如优秀共产党员孔繁森的美，并不取决于他外在的相貌、身材，而是来自他内在的光辉精神和优秀品质，以其荡气回肠的精神力量和崇高的思想品质，引发人内心情感的激荡，给人以美感与教益。社会美主要体现为一种内容的美。

（2）直接实践性

一切美都与社会实践相联系，人正是通过各种各样的实践活动，才创造了物质文明的美，也创造了精神文明的美，离开了社会实践，也就无美可言了。但是，各种形态的美与社会实践的关系，并不是完全一样的，它们存在着间接与直接的关系。例如自然美与社会实践就是间接的关系。因为在人类出现以前，自然界中具有美的形式的事物就已经存在了，这些自然事物的美只是由于人类通过实践活动，改变了自然与人原先对立或无关的关系才显示出来的，因此，显现为间接性的特点。尤其是那些未经人类改造过的自然物所显示的美更是如此。社会美与社会实践的关系是直接的。社会美直接产生于社会生活并直接接受社会生活、社会环境等各种条件的影响和制约。它不仅显示于静态的实践成果，而且还显示于动态的实践过程。例如日常生活的美就产生并现实地存在于社会生活之中，人际关系的美直接来源于人们的各种交往活动。

（3）社会功利性

所谓功利性就是善，凡是符合人类的目的要求，对人有利、有益、有用就是善，就有审美价值。亚里士多德（Aristotle）认为："美是一种善，其所以引起快感，正因为它是善。"用这句话来衡量社会事物是否具有审美价值，是完全正确的。社会美的本质和基础是善，人们感受和评价社会事物和社会现象是否美，主要是考虑其内容是否有生命力，是否符合善，是否对社会有益、有利、有用，是否体现了历史的发展规律。由此可见，社会美的判断标准是以功利性为前提的。社会美的功利性即善就表现在它的社会有益性和实用性上。社会有益性是指社会美具有树立先进的理想、确立积极的生活态度、培养高尚的道德品质、顿悟人生真理和人生价值、激起生活激情等功能。实用性是指物质生活领域的美，如劳动美、服饰美、饮食美、居室美、环境美等，兼有实用和审美两种功能，但更强调实用功能，审美附属于实用。总之，社会美的功利性主要体现为精神的实用功利和物质的实用功利，不论从功利的性质，还是从表现形式进行考察，社会美都强调实用的功效和实际利益，并且表现得强烈而直接。

（二）社会审美的指导

1. 要充分认识社会审美的价值

社会美可以直接美化人的心灵，直接美化人的生活，直接美化人的环境，直接美化人和社会。自然美和艺术美对人和人的生活的美化，是间接发挥作用的，要较多地受到种种条件的限制，并且不可能随时随地进行。社会美则不同，它无时不在，无处不在，并且时时处处都在发挥它的审美功能。只要有人，有人的活动，就会有社会美的欣赏和创造问题。

只有认识社会美的不可替代的巨大的审美价值，我们才会自觉地去重视和发现社会美，孜孜不倦地去追求和创造社会美，对社会美的审美才会自觉地、有效地进行。

2. 社会美欣赏的条件

社会美欣赏必须具备三个条件：能够欣赏社会美的人——审美主体；具有可供欣赏的社会生活中的美的事物——审美对象；审美主体与审美对象之间所建立的和谐关系。

社会美的欣赏对于审美主体的要求是必须具有健全的审美感官，具有一定的感受与理解美的能力和欣赏美的心境，即要有一颗欣赏美的心。哲学家普洛丁（Plotinus）说："眼睛如果还没有变得像太阳，它就看不见太阳；心灵也是如此，本身如果不美也就看不见美。"面对同样的一件事，有人深刻地感受到了美的意蕴，有人却无动于衷，其原因即在是否有美的心灵，能否"以心发现心"。然而，要塑造自己的美好心灵，以心发现心，就必须投身于社会实践，光靠闭门修养是办不到的。而且，由于社会美与人的社会实践直接联系，也只有投身实践，深入社会，才能发现和欣赏社会美。与世隔绝或闭目塞听的人，是与社会美无缘的。

对于审美对象的要求是：具有能够激起审美欣赏主体的审美情感的美的因素，如形象的鲜明性、形式的肯定性、形态的诱惑性、整体的和谐性等。

更为重要的是，审美主体和审美对象之间必须建立辩证统一的和谐关系，没有建立这种关系，没有某种相适应性，社会美的欣赏就不可能产生。

3. 借助艺术作品感受现实生活中的美

由于艺术美是现实生活美的集中而又生动的反映，优秀的艺术作品也就成为人们生活的教科书，可以从中认识和感受现实生活的美，从而提高社会美的审美能力。

个人所亲自经历的生活是有限，但借助艺术却能够感受他人的生活经验，极大地充实和丰富自己的生活阅历，从而可以比较美丑善恶，做出正确的评价。不仅如此，它还能引导人透过复杂纷繁的生活现象认识其隐蔽不露的本质，并且升华观赏者的精神世界，培养出审美的人生态度。

二、自身美

（一）大学生的身体自我

身体自我是指个体对自己身体状况的认识与评价，包括对自己的外表、容貌等以及自己的身体健康状况、身体素质、运动能力等方面的认识。大学生在认识、评价自己的身体，并参照他人对身体的认识和评价的交互作用过程中逐渐形成身体的自我观念。健康的身体自我观念有助于大学生的发展，而不健康的身体自我观念则易引发心理疾病。

1. 身体自我的内涵

身体自我可以分为以下四类。

（1）现实的身体自我。个人实际的身体形象，是一种客观的认识。

（2）理想的身体自我。个人想自己成为什么样的身体形象。

（3）投射的身体自我。个人认为他人是如何看待和评价自己的身体形象。

（4）幻想的身体自我。身体自我是一种神经症的自我意象，即个人相信自己确实已达到这种值得赞赏的状态。

青年人都重视自己的身体自我。身体自我会影响一个人的自我观念。有研究发现，身体自我对一个人的整体自我观念有着重要作用，长相漂亮、富有魅力的人在交往中往往易受欢迎并得到积极的认可。有健康身体自我的青年人会显得自信，而对身体自我不满或否定的青年人则易产生自卑乃至否定自我的价值，走上自暴自弃甚至自毁的道路。

2. 影响身体自我形成的主要因素

人身体自我的形象，受下列主要因素影响。

（1）身体现状

个人自身的身体条件是形成身体自我的物质基础。它受个人遗传基因的影响，这些身体条件通常是很难改变的。在一定条件下受遗传影响的身体条件也会受到如营养、体育锻炼等因素的影响。

（2）文化历史

社会文化不同的人们对身体自我的价值评判与认同也不相同。西方人以丰满、厚实的大嘴为美，东方人赞美樱桃小嘴。我国唐朝的妇女以肥胖为美，而现在则以苗条为美。社会文化背景是个体形成理想身体自我的基础，人们总是参照该时代的社会文化要求并结合自身条件来追求理想的身体自我。

（3）社会职业要求

社会职业也会影响个体的身体自我。如有人研究发现，从事舞蹈的女学生在体质与相貌两个维度上的自我评分比普通女学生在这两个维度上的自我评分低。因此，对身体形象要求高的专业或希望将来得到对身体形象要求较高职业的大学生，即使身体形象不差，也可能形成不良的身体自我。

（4）性别定型

性别不同对自己身体自我的要求不同。一个正常男性不可能喜欢自己像女人般的身材，同样一个正常的女性不会希望自己长得像男性一样。

（5）他人评价

个人对自己身体的赞许度与别人如何看待自己密切相关。他人对自己身体评价的高低对身体自我的形成起着重要作用。

（6）自我价值感

自我价值感是指个体对自己赞赏、重视、喜欢和看重的体验。有关研究表明，身体外貌是构成自我价值感的重要维度之一。个人的自我价值感不同对自己的身体也会有不同的要求。如果个体自我价值感获得过于依赖自己的身体自我形象或对身体自我形象的要求过高，就易于对自己的身体自我不满。

（二）人的内在美

人的内在美是指人的心灵美、品质美、道德美、性格美、情操美等内在的美。外表漂亮虽然也能引起人的美感，但是，这种外在的美往往是暂时的、易逝的。思想品质、性格气质、道德情操等方面的内在美却是持久的、经常的。莎士比亚（Shakespeare）在他的剧本《一报还一报》中写道："没有德行的美貌，是转瞬即逝的；可是因为在你的美貌中，还有一颗美好的灵魂，所以你的美貌是永存的。"正因为内在的美在整个人格中占有如此重要的地位，所以，古今中外有许多谚语都强调人物形象的美主要在内在美。例如"鸟美在羽毛，人美在勤劳""花美在外边，人美在里边""马的好坏不在鞍，人的美丑不在穿""样儿好，比不上心眼好"等。可见，人的内在美要高于外在美。

内在美的核心就是心灵美。心灵美主要包括思想道德、情操性格、文化修养这三方面的内容。思想道德美主要表现在爱国、诚实、正直、谦虚、勤劳、助人为乐、互相理解等方面；性格情操美主要表现在勇敢坚定、机智沉着、见义勇为、热情好学、文雅自重、豪放开朗、爱憎分明等方面；文化修养美主要表现在虚心好学、不耻下问、勤奋严谨、博学上进、永不满足等方面。

人的心灵美并不是抽象的，也不是不可感知的。它总是要通过人的语言、行为、表情、神态等方面表现出来。所谓"征神见貌，则情发于目"，就是指人的思想感情常常通过人的表情神态自然流露出来。人的眼睛最能表现出人的内心世界。"眼神"一词的含义就在于眼睛能传神，能把人的内心活动传递出来。因此，画家达·芬奇（Da Vinci）把人的眼睛比作是心灵的窗户。鲁迅特别注意人物眼睛的描写，从中表现人物的内心精神状态。这些都是极为精辟的见解。

人的心灵美还常常表现在语言上，常言道"言为心声"，语言美与不美，往往会产生不同的社会效果。热情的召唤、真诚的鼓励、彬彬有礼的谈吐，可以使人亲密无间、和睦相处；冷漠、生硬、粗俗、蛮横无理的语言，会使亲人相背、朋友寒心，甚至会引起冲突或谩骂。

人的心灵美更多表现在行为上。行为受思想的支配，因此，一个人的行为美不美，也是心灵美的具体表现。美的行为会为他人带来温暖、幸福；不美的行为会给他人带来损害、苦恼。总之，一个人的内在美是具体的可感的，自觉或不自觉地总是通过各种形式表现出来的；同样，内在丑的东西也总是要表现出来的，只是怕丑露于外面而千方百计掩盖起来罢了。这种掩盖又往往给人以假象的感觉，假象绝不会引起人们的美感，只能引起人们的憎恶和反感。

心灵美的内容有以下四个方面。

1. 崇高的理想

人生理想是人的内在美的核心，但并不是所有的理想都是美好的，只有同绝大多数人的利益和愿望相一致的理想，有利于人的创造力的发挥和人的全面发展，有利于人类物质文明和精神文明的进步的理想，才是崇高的、美好的，才具有审美价值。很多为人类做出杰出贡献的人都有闪烁着美的光辉的崇高人生理想。17岁的马克思写道："如果我们选择了最能为人类福利而劳动的职业，那么，重担就不能把我们压倒，因为这是为大家而献身，那时我们感到的就不是可怜的、有限的、自私的乐趣，我们的幸福将属于千百万人，我们的事业将默默地，但是永恒地存在下去。"北宋的范仲淹在《岳阳楼记》中留下了"先天下之忧而忧，后天下之乐而乐"的千古名句。为什么像这样不计个人得失，以天下为己任的人生理想就是美的呢？这是因为这种人生理想超越了"趋利避害"的生物本能，表现了人的自由、自觉的创造本质，虽然这种人生理想在不同的时代，不同的阶级中有不同的内容，但都起着推动人类社会进步的作用，因而都是美的。

2. 高尚的道德情操

高尚的道德情操，是心灵美的重要标志。道德美是指一个人在处理个人与他人，个人与集体、社会、国家的关系时，所表现的符合一定道德原则和道德行为规范的美好品质。按孔子的说法，道德修养的最高境界"随心所欲不逾矩"。道德行为达到极其自然的境界，也就是道德美的最高境界。情操美，是指在追求真、善、美的斗争中，所表现出来的高尚情感和坚贞节操的统一。我国古代诗人屈原为理想"虽九死其犹未悔"的节操，就是情操美的具体表现。

3. 渊博的知识修养

远大的理想、高尚的道德，来自对人生、社会历史的深刻认识，来自知识的不断积累。知识包括理论知识和实践知识，人不断学习、积累知识的过程就是不断地培养、改造和塑造自己精神面貌的过程。没有知识，人就显得空虚、茫然、不安、愚昧。不了解事物的过去、现状和发展趋势，人的生活就没有目标，无法预见事物的未来。荀子说："君子之学也，以美其身。"丰富渊博的知识能使人变得更完美。修养是以知识为核心的，包括人的道德、情感、行为、态度在内的多种素质，并通过感性的形式或生活态度表现出来。一个人的修养除了具备丰富的知识含量，还应看知识在他的道德、情感、行为方式中的潜移默化的程度。知识只是一种理论形态，而修养是一种生活态度化、行为方式化的东西。因此，修养的高低取决于对知识的把握程度和对知识的融化程度。此外，一个人的阅历即实践知识对人的修养的养成也非常关键，尤其是对实践知识的反思和认识更为重要。人的一生就是不断实践、不断自我认识、不断自我完善的过程。丰富的阅历也是人生的一笔巨大的财富，我们要善于实践并从中汲取养分，区分出美丑，使自己的修养不断得到完善。

4. 优良的性格特征

性格是指对现实的稳定态度以及与之相适应的习惯化行为方式。它形成的基础是人的先天素质以及后天的学习，所以，它具有鲜明的个性特征。例如《水浒传》中描写了众多的性格鲜明的人物，宋江的仁义忠厚、吴用的机智多谋、李逵的鲁莽率直、武松的机灵勇猛……都有各自的性格特征，无怪乎金圣叹评《水浒传》说："别一部书，看过一遍即休，独有《水浒传》，只是看不厌。无非是它把一百零八人性格都写出来。"人的性格是与知识、修养分不开的，性格中必含有一定的知识和修养，同时，一个人的性格又往往与他的气质类型相联系。四种气质类型在行为方式上的典型表现是：胆汁质的人，脾气暴躁、性情直率、精力旺盛，但容易冲动发火，属于急躁型；多血质的人，活泼、好动、聪敏、善于交往、兴趣广泛，但注意力容易转移，属于活泼好动型；黏液质的人，安稳、持重、沉默寡言、坚韧内向、能忍耐，但反应迟缓，比较保守，属于安静型；抑郁质的人，敏感、细心、谨慎、认真，但孤僻、胆小、行动迟缓、与世无争，属于迟钝型。多数人兼有两种或几种气质的混合或中间类型。人的气质类型虽有先天性，但通过后天培养教育，通过社会实践，随着知识、修养的不断提高，是可以改善变化的。一般来说，性格优良的人，表现为热情、善良、高尚、勇敢、活泼、开朗、顽强、刻苦等；与此相反，冷漠、暴躁、骄傲、怯懦、虚伪、阴险、卑鄙、粗鲁，则是不良性格的表现。

在外在美和内在美的辩证关系上，内在美属于矛盾的主要方面，即内在美重于外在美，内在美体现着人所具有的精神和心灵，它是本质，是内容，从根本上决定了一个人是美还是丑。外在美是现象，是形式，不起决定作用。泰戈尔（Tagore）说："你可以从外表的美来评价一朵花或一只蝴蝶，但你不能这样来评价一个人。"荀子说："形相虽恶而心术善，无害为君子；形相虽善而心术恶，无害为小人也。"强调的都是内在美是比外在美更高的美。但这并不等于说外在美微不足道，如前所述，外在美是人的内在美的外化，是内在美的感性显现。我们既不应离开内在美，一味地追求外在美，变成"绣花枕头，外面靓"，也不应不顾自己的外在美，故意放浪形骸，成为举止轻浮、粗鲁，让人厌恶的丑的对象。既具有美的内在精神，又重视美的外在表现，力求外在美和内在美二者兼顾，使它们尽可能和谐统一，这是我们追求的目标。人是一个复杂的多面体，不论属于哪种类型的人，都必须加强自身的文化修养、注重性格和气质的锻炼、注重品德和情操的陶冶，才能真正成为一个美的人。

第三节　风度美与科学美

一、风度美

(一) 风度美的基本内涵

所谓风度，就是指一个人的精神状态、个性气质、文化修养、思想品质、道德风貌、生活习惯、着装打扮等方面，通过自己特有的语言举止、姿态动作所自然而然地流露出来的一种个性鲜明的神韵。这种神韵是很习惯、很自然地表现在这个人的言谈话语、举足行止之中的。哪怕是一言一笑、一顾一盼，都给人以鲜明而又难以言传的一种美的感受，这就叫风度美。可见风度美主要是指一个人经过后天多方面的修养、磨炼，而逐渐形成的一种较为完美的精神状态。这是呈现于人体外表的一种具有内在个性气质美的特征。简言之，所谓风度美，就是一个人的内在美与外在美和谐地自然流露。人的气质蕴藏在人的内心深处，洋溢于人的行为外表，它比自然形态的容貌更能打动人。可以说，容貌的美只是物质结构的和谐组合，而气质的美则是一种优美的精神力量的辐射。美的气质，不论处在怎样的环境中，都能给人带来美的感受。现实生活中，美丽不迷人，容貌不美而魅力无穷，这样的例子不胜枚举。这说明，一个人的气质是何等重要。气质美具有特殊迷人的韵味，它反映出人在一定社会关系中的美的自我创造能力，比单纯的容貌美更能显示人的本质力量，因而，也就更能产生精神的愉悦和情感的冲动。如果你容貌姣美，是一个天赋的优势，但不要忘了，你还需要美的气质；如果你容貌不美，那就更应该加强自我修养，让美的气质来弥补你的自然条件的缺憾，使你变为较为完美的人。

(二) 风度美的培养

风度美既然是多种因素构成的，因此，要想培养自己美的风度，就应该从形成美的风度的原因入手，逐渐培养。一个人的风度，不可能在短时间内就能培养出来，更不能机械模仿。如果机械模仿别人美的风度，不但不美，反而常会闹出笑话来。中国有个成语，叫作"东施效颦"，说的是，从前有一个美女，名叫西施，她天生丽质、奇美无比。她的一举一动、一顾一盼都能给人以强烈的美感、无穷的魅力。有一天，西施因心口痛，皱着眉、按着胸，步履轻盈地路过邻居家。这家邻居有个女人，容貌很丑，她很羡慕西施长得美。当她看到西施皱着眉，按着胸，轻盈走路的样子，越发感到西施妩媚动人。于是，她也学着西施的样子，皱着眉，按着胸，轻盈地走路，她认为这样一定是妩媚动人的。但是，当她在众邻居面前，皱着眉，按着胸，轻盈地走来走去的时候，众邻居都笑了。众邻居为什么都笑了呢？原来这个丑女人不是心口痛，而是故意装出来的。机械模仿西施皱眉、按胸走路，结果不但不美，反而更丑了。邻居嘲笑这个丑女人，管她叫东施。这个故事越传越广，久而久之，"东施效颦"就成了一个成语典故。这个故事，告诉人们一个道理，风度是不能机械模仿的。这对那些不顾自身特点，生硬模仿别人的风度的人来说，是一个很好的启示。电影演员为了演某一名人，不仅要求从长相形体上与剧中人物相似，而且在神韵风度上也要差不多。前者通过化装，可以办到，后者就不那么容易了。演员的模仿能力虽然很强，但是要把某一人的气质与风度表现出来，是有一定难度的。为此，要经过一段专门培养，才有可能把某一名人的风度演出来。由此可见，美的风度是培养出来的，不是机械模仿所能奏效的。那么，怎样培养自己美的风度呢？一个人的风度大都是从青年时期开始形成的。这是因为，青年时期的到来，必然引起生理、心理和社会属性的变化。青春活力，血气方刚，成为青年风韵独秀的天然动力。伴随着自我意识的增强和爱美心理的形成，培养自己的风度美很容易成为习惯。从屈原、李白、诸葛亮到孙中山、梅兰芳，他们都是在青年时代就形成了非凡的风度美。可见，青年时期，是培养风度美的关键时期。那么，青年学生如何培养自己的美的风度呢？

第一，要注意内在美的培养。这是因为，精神世界的美与丑，是形成风度的内在的根据，唯有美丽的情操，才有照人的风采。长期的卓有成效的思想文化和道德品质的修养，是形成风度美的重要因素。青年正是长身体学知识的黄金时代，也是世界观形成的关键时期。因此，要倍加珍惜自己的青春年华，立志高远，努力学习，加强道德文化修养。英国哲学家培根说过："读史使人明智，读诗使人灵秀，数学使人周密，哲学使人深刻，伦理学使人庄重，逻辑修辞学使人善辩。凡有所学，皆成性格。"荀子说过："积土成山，风雨兴焉；积水成渊，蛟龙生焉；积善成德而神明自得，圣心备焉。"人们常说："根深叶茂。"这些说的都是一个道理：唯有内在美，才能导致外在美。而内在美却非一日之功，它需要长期不懈的努力，不断地积累知识，不断地进行思想文化和道德情操的修养，才能逐渐地培养起来。

第二，要正确认识自己的个性和社会角色。每个人都有自己的个性特点。就一个人的性格来说，既有先天因素，又有后天因素。有人说："江山易改，禀性难移。"说的是改变一个人的性格并不容易。但是，只要正确认识自己的性格，就可以自觉地进行锻炼、培养，扬长避短，变不好的性格为良好的性格。如性格孤傲的人，风度显得傲慢，常处于孤芳自赏、目中无人的状态；性格软弱的人，风度就显得纤细委婉，优柔寡断；性格强悍的人，风度显得粗犷，叱咤风云；性格文静的人，风度显得淡雅、恬静、文质彬彬；性格活泼的人，风度显得洒脱、豪放、轻捷灵敏；性格刻板的人，风度往往显得沉郁、滞重、谨慎过人。我们可以从这些性格特点中找出自己的长处和短处，在日常生活中自觉地扬长避短，久而久之，就会发扬自己的优势，克服自己的不足，培养自己的很好的性格。一旦形成好而稳固的性格，风度美往往也就在其中了。

每个人都在一定的社会地位中生活，都有自己的本职工作。也就是说，每个人都应正确地认识自己的社会角色。由于人们的社会角色不同，所表现出来的风度也就各有差异。每个人的风度应与自己的年龄、身份、职业特点相适应。不顾自己的职业特点和个性特点，不顾场合和社会环境，乱使风度，往往会丑态百出，贻笑大方。

第三，要注意语言美、行为美的培养。语言是思想的外壳，是人们交流思想情感的工具。言为心声，同样一个意思，不同的人表达出来，其效果往往不一样。例如在食堂就餐，有个同学一不小心将菜汤洒在另一个同学身上。这个同学如果语言美，就会诚恳地向对方道歉："实在对不起！请原谅，衣服被我弄脏了，由我来洗。"对方听到这些话，虽然心里不高兴，火气也就消了，事情也就算了。因此，在平时生活中，要讲文明，懂礼貌，注意培养自己的语言美。在培养语言美的同时，反过来又会影响自己的风度美。

每个人的行为，都是受其思想支配的。行为美与不美，可以证明其思想美不美。人们常说："察其言，观其行。"看一个人心灵美不美，不仅要察其言，更重要的是观其行。一个人如果只是说起话来头头是道，而在实际行动上却另搞一套，那么，人们对这种言行不一的人自然会产生反感，还有什么风度美可谈呢？行为美是各种各样的，但从根本上说，一个人的行为能给他人带来温暖、幸福，给社会带来友善安定，能促进社会文明的进步和发展，才是美的；反之，则是丑的。

总之，语言美、行为美是心灵美的表现。心灵美是内在美的核心，内在美又是风度美的关键。所以，要培养美的风度就要在道德、文化修养上下功夫，要在语言行为上表现出来。

第四，要注意服装仪容的修整。青年学生无须在着装打扮上修饰，朴素大方，保持自己的衣服干净整洁就可以了。因为人的青春本身就是自然美。过分地修饰打扮，往往会喧宾夺主，把自己的自然美掩盖起来是很可惜的。如果能根据自己的形体特点和情趣爱好，恰到好处地扬长避短，锦上添花，使本来的自然美与装饰美浑然一体，巧夺天工，相映生辉，那当然也是美的。但是，把精力用在这方面，既影响了学习，也会弄巧成拙，破坏了学生特有的风度美。

总之，风度美不是生来就有的，是经过后天长期努力培养起来的。人的风度美是各具特色的。青年学生有其独特的风度美。风度美的表现形式是因人而异的，不能生硬、机械地模仿，只能长期培养。

二、科学美

（一）科学美的基本内涵

科学美来源于自然美，但它不是指大自然的外在的感性美（景色美），而是指潜藏在感性美之后的内在的理性美（理论美）。自然美可以被感官直接感知，科学美不能被感官直接感知，而要在对自然界隐藏的内在和谐做了观察、研究之后才能体验到。科学美包含着理论美、公式美、实验美、内在的形式美和科学研究的创造美等。

科学美在各门自然科学，如数学、物理、化学、生物学等学科中广泛地存在着。千百年来，各门自然科学既告诉了人们真理，也展示了美的光辉。人们在掌握了科学的公理、定律、定理、公式、实验等规律后，就会心满意足、精神愉悦，就会产生一种成就感和自豪感。正如科学家巴斯德所说："当你确实明白了某种事物时，你所感到的快乐是一种最大的快乐。"物理学家杨振宁说："科学美是客观存在的，所有科学家都有这种感受。"可以说，科学美带给人们更多的智慧和愉悦。在美的形态中，科学美是最难感受的美，因为要求欣赏者必须具备一定的科学修养，需要更高的想象力和更高的理解力，只有掌握了相关的科学知识，才能领略到这种特殊的美。

（二）科学美的特征

1. 和谐

和谐是指事物的各部分协调合度、分配适当、均衡匀称、多样统一。美学家大都主张"美是和谐"。毕达哥拉斯学派的学者们研究发现，长方形的宽与长的比大约为 5：8 时图形最美。哲学家柏拉图为它命名"黄金比"。这个"黄金比"成为绘画、雕塑、建筑等艺术中，最富审美价值的比例，也是人体、动物和植物优化结构的基础。再如解析几何把代数、几何和逻辑学有机地统一起来，牛顿力学把宏观运动统一起来，元素周期律把物质世界的元素井然有序地统一起来，生物进化论把几百万种生物起源统一起来等。在自然界进化过程中，凡是能表达自然这种内在特征的理论，都具有美学价值和表现了和谐美。$E = mc^2$ 深刻而准确地揭示了质量与能量的逻辑关系，表现了精确美、抽象美、逻辑美、统一美，更表现了简洁美。再如数学中勾股定理 $a^2 + b^2 = c^2$（$a + b > c$），物理中自由落体加速度 $g = 9.8 \text{m/s}^2$ 等公式都体现了简洁美。

2. 对称

科学理论中，对称性的美学意境，引起很多科学家的神往与迷恋。在数学中如中心对称、轴对称、方程与图形的对称等，都给人以美感。但在科学美的意义上，对称美并不局限在客观事物外形的对称，还表现在空间对称、时间对称、性状对称、守恒对称等。数学中，正数与负数，有理数与无理数，实数与虚数，加法、乘法与减法、除法等都体现了对称。物理中，电场与磁场、负电子与正电子、阿基米德的杠杆定律等也都体现了对称。化学中，合成与分解、氧化与还原等也体现了对称。这些科学的理论都是因为有很美的对称形式，给人以圆满、匀称、稳定的美感而受到欣赏。

3. 新奇

科学理论只有具有创新和突破的内容，得出奇特、新颖的研究成果，才具有高度的审美价值。爱因斯坦的相对论规律是这种新奇美的典型。再如 18 世纪的生物学家林奈的物种不变的结论，19 世纪的达尔文的生物进化论的思想；法国拉瓦锡氧化学说的新理论等，都是科学家长期观察、反复实验、充分想象、进行创造性思维而得出的新颖的成果。又如开普勒行星运动三定律的数学公式 $T^2 = D^3$，意思是行星公转周期的二次方与它同太阳的距离的三次方相等。这是开普勒从大量而又十分凌乱的直接观察资料中，经过高度的提炼概括，才发现的自然规律，真是妙不可言，被人称为奇妙的"2"与"3"。

科学美是以和谐、简洁、对称和新奇作为主要特征的，其中和谐和简洁是科学美的基本特征。

按美的产生和发展条件来分类，以上我们分别分析了自然美、社会美、艺术美、科学美几种形态。其中自然美与社会美同属于现实美。现实美是艺术美与科学美"取之不尽，用之不竭"的创造源泉和坚实基础，比艺术美、科学美更生动、更丰富，但其往往是零散、偶然、不集中、不强烈、不鲜明、不完整的，而且还受到时空的局限。

艺术美是艺术家把现实美的碎块集中起来，突破时空、重新组合，使之成为更鲜明、更强烈、更典型、更理想的审美对象。科学美是科学家创造性地发现现实美的内在结构和内在规律。现实美和科学美往往和实用相结合，艺术美主要是满足人的精神需要。

第三章 高校美育课程建设

第一节 高校美育课程建设的目标及内容

一、现代高校美育目标

（一）高校美育目标

实施以美成人的高校美育，实际上指出了当前高校美育目标的基本定位，即始终针对纯粹的唯理性主义和物质主义的突破，始终坚持促进人的全面发展和美好生存。与此同时，完善人格的培养从另一方面提出了高校美育的总体目标，即始终围绕大学生人格养成、大学生人格完善而进行美育目标的选择设计，这是新时期确定美育目标的主要依据。针对新时期大学生时代人格所体现的具有人文关怀、积极乐观、独立和谐、开朗热情、创新洒脱等特质，高校美育目标应由以下三个维度的子目标建构而成。

目标一，提升学生的审美需要层次。旨在强调审美教育要关注学生的生活和审美认知的内在动机。学生的审美心理是自主性建构的，而不是通过"灌输"形成的。如果在审美教育中忽视学生的自主性，没有充分重视学生的审美意识的自由发展，没有提升学生的内在审美需要，学生的内在审美人格不可能建立起来。

目标二，培养学生全面的审美情感和审美判断，协调学生人格中感性、理性等要素共同发展，并形成有机的联系，旨在强调审美教育在协调学生人格发展中的现实作用。既然审美教育不是通过"灌输"来影响人格的完善，那么发展学生的审美情感和审美选择就应该是一项基本的目标设定。

目标三，引导学生形成稳定化、普遍化的理想人格结构，逐步培养其具备当前社会发展的时代人格品质。这既是审美需要提升的结果，也是审美判断和审美情感处于高阶阶段的确证。

（二）高校美育目标的具体实施

任何一种教育目标的设计和实施都有一定的原则和要求。美育目标在具体实施过程中，仍需要遵循学生审美的一般认识规律和接受规律，从学生的审美心理出发，循序渐进地进行审美教育。具体来说，在审美教育过程中要从以下三个方面着手。

1. 培养大学生的审美感受力、判断力和创造力

逻辑思维、形象思维和直觉思维是人类最基本的三种思维方式，形象思维与逻辑思维直接关系着人们在实践中的创造性发挥。由于美育带有鲜明的形象性、愉悦性、情感性等特点，它就能够充分地促进大学生个体的直觉以及形象思维能力的发展，进而提升个人的综合素质。尽管美育目标最低的层次是满足人的功利需求，但在实践中也需要通过对审美对象的外在感性形式进行直觉感悟和审美评价，逐渐激发个体的直觉和感性思维，不断培育个体的想象力和创造力。在长期实践中，要不断引导大学生感知美、欣赏美，在体验美的过程中形成发散思维和对美的判断力，促使自身的创造力得到潜移默化的提升。一本好书塑造的感人形象，可以唤起大学生内心的激情；一部好电影的境界，可以引起大学生对美好生活的无限向往与渴望；一个精彩的画展可以激发大学生无限的想象力和创造力。美育在各种美育形式的实施中"春风化雨"般的影响和改变着大学生的审美能力。

2. 培养大学生的审美意识和审美价值追求，使其超越"功利"

在培养审美能力以及关注审美素养的同时，审美教育活动的目标还应实现对功利生活的精神超越，促使审美教育脱离一般的功利价值目标体系，能够暂时放弃实用性的考虑，形成一种超越功利的审美意识和价值追求。在审美活动中人要超越日常看待事物的方式，摆脱现实中的利益关系，与现实中的生活造成一种"距离"，把物我关系由实用主义变为审美主义，达到"潇洒脱俗""超然物外"的超功利审美境界。这种观念有利于打破肤浅的人生价值和幸福观念，避免由于"急功近利"而"目光短浅"，把人生的目标仅锁定于对物质的极度追求而完全抛弃了"精神家园"。自有人类历史以来，亘古称颂的从来不是富甲一方的官员和商人，而是给人类留下宝贵精神财富的思想家、哲学家、科学家们。实施审美教育，就是要使大学生在"撕碎的美"或"含泪的笑"中得到情感的升华和心

灵的净化，进而引发他们对于生命意义和价值的深层次思考，让他们在不同于物质功利标准的新的价值标准中去生存、去体验永恒的生命价值。

3. 培养大学生追求理想人格的自觉，使其实现审美人格的精神建构

人的心灵世界本身就是一个感性的、意义丰富的世界，审美人格的精神建构需要在个体主动地参与和创造过程中得以实现，是人的内在精神的一种积极的探寻和建构的过程。自我"全面而自由"地发展，是人类遥远的梦想和渴望，是理想人格境界。审美教育目标在这一方面要不断地提供契机、情境和氛围，以美的旋律和震撼，拨动学生的"心弦"，激发他们内心深处对美的渴求，对美的想象力和创造力。促使学生在个体的成长和建构中，把对理想人格的追求，当作自觉的愿望和行动，积累和养成个体的人文关怀精神，以及独立和谐、开朗乐观、创新洒脱的内在品质，并不断地使其得以发展和提高，推动自我的人格建构不断走向丰满和成熟。

二、美育内容的基本类型

在近年加强高校素质教育的整体形势下，美育对于培养大学生综合素质的重要作用日益得到人们的关注，美育的教育内容也得到了丰富和发展。越来越多的审美教育者开始不断探索符合理想人格要求、适应时代需要的新的美育内容，并且注重美育在高等教育中的理论研究和实践创新，这些对促进美育的不断发展都起到了重要作用。

当前美育教育主要分为以下两个方面。

(一) 按照教育范围分类

一般可包括家庭美育、社会美育和学校美育三个方面。其中，家庭是人生的起点，也是美育的起点。家庭审美教育给予人的影响是基础性和不可替代的。之所以如此，是因为家庭美育是建立在以血缘和亲情关系为纽带的家庭日常生活基础之上的；家庭日常生活的内容极为丰富、广泛、具体，并处处注入感情的因素，对家庭成员尤其是孩子施加着全面、入微的深刻影响。家庭美育的主要对象是孩子，父母则是家庭美育的第一任教师。应该把家庭日常生活看作一种教育，从这里找到家庭美育实施的途径。社会是一个广阔的空间，为审美教育提供丰富的素材。社会美育的领域极为广泛。影剧院的演出，电视、广播中的节目，音乐厅、展览馆、博物馆、文化宫、俱乐部、体育场、游泳池、图书馆以及生活环境

的美化，风景游览区的开发，名胜古迹的整修，还有商店橱窗的布置，路边广告的设计，这些都可以作为社会美育的工具和场所，成为社会美育的组成部分。人的内在世界的美、精神世界的美，即人的心灵美是最具重要意义的美，最富于光彩的美，是社会美的核心，是人类美的精髓。学校美育是对大学生进行人格养成教育的有效途径。基于学校本身"教书育人"的基本功能，在高校校园中通过实施美育来促进大学生理想人格养成和思想素质提升均有着相对便利的环境条件。

（二）按照性质分类

按照美育内容性质不同可以划分为自然美育、艺术美育、人生美育三个大类。自然美是最原始也是最贴近人类生活的美，它就蕴藏在大自然之中。自然不仅为人类的生存发展提供基本的物质基础和环境，同时也是丰富人的精神生活使人获得美感的基本源泉。自从人类开始用审美的眼光来看待世界，大自然就成了人类的审美对象。只要我们身处于大自然当中，就能够陶冶于大自然的美，就可以感受大自然的美。而想要进一步欣赏自然美，真正实现自然美育，就必须了解自然美，提高对自然美的欣赏能力，培养学生热爱自然之情。艺术是艺术家借助一定的手段方式对现实生活的典型性的概括反映，是艺术家创造性的劳动成果的产物。艺术美来源于现实美，又高于现实美。艺术美育是现实美的凝练和集中，它包括音乐艺术美、美术艺术美、影视艺术美、文学艺术美和环境艺术美等。人生美育也是审美教育的重要组成部分，人有心灵美、形体美，有属于人与人之间的语言美、服饰美，有属于群体活动的环境美、人情美。人生美是指社会事物、社会现象、社会生活的美，它是美的最直接的存在形式，是现实生活美的最主要、最集中、最核心的部分。人生美育主要是由人的思想、意识、情感以及它们在人和自然的相互关系中的体现而组成的。

三、构建高校美育内容的基本思路

尽管多年来人们对美育的教育内容构建工作付出了很多努力，取得了相当的成绩，也总结了不少的经验，但是，当前美育内容在高校教育体系当中仍处在一个有待于发展的时期，不仅在实践中还存在一些亟待解决的问题，在理论上也需要随着时代和高等教育的发展不断完善与创新。因此，新时期构建以美成人的美育教育内容不可能一蹴而就，需要根据教育目标的指引，选择、确立、设计教育内容并将其有机地结合起来，形成具有科学性、系统性的教育内容体系。探讨美育内容整体构建的依据和规律，可以为内容的构建提供科学的指导。因此，构建以美成人的美育内容，要遵循以下三个方面的基本规律：

（一）　尊重学生成长的规律

大学生群体处在已经成年，但又未在真正意义上走上社会的人生关键阶段，其身心发展特征、规律与社会成年人截然不同，因此，在设计审美教育的内容时应该尊重这一成长规律。一方面，在对大学生人格形成和发展规律研究的基础上，从人的认知、情感、意志和行为四个层面入手，有针对性地选择和设计教育内容，以达到科学地、循序渐进地培育审美价值观的教育目的；另一方面，在设计教育内容时，要注重教育内容既要符合当代大学生自主性较强、个性张扬、思想求异等身心特点，同时又要符合大学生在思想、心理、行为等方面的成长规律。

（二）　尊重审美教育的规律

在审美教育过程中，教育目标的实现可以凭借自然美、社会美和艺术美等多种途径，而最基本的审美教育活动，一般主要通过审美接受与审美创造来实现其审美教育目标。因此，在设计教育内容时，要尊重审美教育的规律，教育内容要与审美接受的内在规定性相吻合，也就是要贴近大学生的审美需要，从而使受教育者（大学生）产生对于教育内容的认可，激发其内在的审美需求，形成对于审美的正确理解和强烈的审美意愿。审美创造是受教育者根据一定的审美理想，按照美的规律，运用不同的物质手段，自觉地进行的审美实践活动。审美理想与社会现实的差异是审美创造的动力。审美教育要使受教育者认识审美理想的丰满，反思社会现实的不足，唤醒受教育者的创造欲望，帮助受教育者实现审美过程的形象性和情感性的内在统一，并赋予其情感以内在理性，从而使受教育者的审美创造实现从无意识到有意识，由自发到自觉的演变过程，收到水到渠成的教育功效。

（三）　尊重时代发展的规律

我们处在这样一个时代：与不远的过去相比，大学生的思想、心理和行为以及他们所处的学校、家庭与社会环境都已经发生了变化，并且正在发生着巨变。随着中国经济体制改革和经济的快速发展，人们的思想观念和生活方式也处在一种快速多样的变化中，在世界经济一体化的大环境和网络"联通"世界的背景下，思想和生活方式打上了强烈的新时代的"烙印"。审美教育的内容能否做到尊重时代发展的规律不断改革创新、与时俱进，这直接决定着教育的效果。构建新时期以美成人的美育内容要尊重时代发展的规律，这包括两层含义：一是要结合时代发展的需要创新教育内容，如加入传统文化审美教育、审美实践教育等；二是要赋予审美认知教育等传统内容以发展中的新的时代内涵。尊重时代发展的规律就是要顺应时代发展，美育要随着时代的变迁与时俱进，在内容上要不断丰富和创新，使之成为为当代大学生所喜闻乐见的内容，更愿意去接受、更乐于去接受、更有兴趣去接受，让美育内容的创新成为美育发展过程中的关键一环。这也是既符合美育内容发展的内在规律，同时也符合美育内容发展的时代要求。

四、高校美育的教育内容

审美教育内容是以大学生人格养成为根本出发点和落脚点，从人的审美心理结构的基本规律出发，着重加强审美认知教育、审美理想教育和审美实践教育等方面的内容设计和实施。

（一）审美认知教育

理解审美认知教育的基本含义首先要弄清以下几个基本的概念：认知是心理学家描述人的认识能力的概念，既包含了一种动态性的加工过程（认识），也包含了一种静态性的内容结构（知识）。对于认知的理解学者之间还存在一些差异。认知（知识）的发展，说到底是结构的发展，是结构的不断扩展和螺旋上升的建构，从静态的角度看，认知即"知识"或"信念"。认知包括从低级的感知过程到复杂的言语及问题解决过程，它是个体知识经验积累的前提；个体在认知活动过程中获得的各种认知结构或图式，既成为其知识经验的一部分，同时也是人格及其他个体差异发展的基础。

审美认知教育实际上是对于审美活动中的认知过程和接受过程的教育实施，是对美的信息进行输入、编码、转化、储存、提取运用等的审美信息加工活动。从审美心理学的角度来看，审美认知教育是促使受教育者形成一个审美心理认知结构。在审美教育活动中，主要包括对于审美理论知识的把握了解，对于审美信息的加工和处理，以及审美活动心理机制的控制与把握。审美认知教育是个体进行审美活动中的重要环节，是获得和运用加工审美信息的内部心理活动，对于形成正确的审美感受和审美意识具有重要作用。因此，在具体的教育过程中，在原有的审美教育活动的前提下，应注重以下三个方面内容的设计实施。

第一，要注重系列性、层次性的审美基础知识教育。当前，在高校开展审美教育的过程中，学校开设的审美教育课程及活动主要集中于艺术教育环节，并且大多数的教育内容集中于专业类的审美技能的提升和发展，在很大程度上，并没有摆脱以智育为衡量标准的基本思路。一般情况下，高校以审美为主要内容的课程主要分为以艺术专业为基准的必修课程和以非艺术专业为基准的选修课程。而实际上，审美教育内容应与艺术教育、美学教育有所区别。审美教育不仅仅侧重美学基本理论的灌输与讲解，而且要将美学的原理与日常的审美鉴赏有机结合起来，构成多种类型、多种层次的系列内容，进而普及审美教育的基本理论、促进审美素养的提升。首先，通过知识的讲授，使学生先理解何为美、何为审美以及为什么要审美、怎样审美等一系列基本问题，为日常的审美鉴赏提供指导；其次，进行审美的生活性感知，通过进行具体的艺术欣赏、各种艺术门类的接触了解，以及在日常生活中的审美批判，综合性了解绘画、雕塑、影视、戏剧、建筑、音乐、舞蹈、戏剧等不同艺术的审美特质；最后，将审美教育渗透到各门类科学的教育活动之中，并充分提升自然美、社会美、科学美等审美对象的教育内容，将教育内容统一到人格的审美之中。

第二，注重对于悲剧与喜剧、丑与荒诞等审美形式的辨明。在进入后现代主义时期，传统的悲剧、喜剧中"崇高"和"优美"的审美倾向，在大众文化的冲击下已经不再是大学生仅有的美学视野。因此，在日常的审美认知教育中，对于悲剧与喜剧、荒诞与丑等审美形式的辨明，也应当是教育内容的一个重要环节。这些样式的审美形态以各自不同的样式，从多维的角度刺激审美对象大学生的感觉和情感，从而对他们产生作用，影响他们的人格发展。

喜剧相对悲剧给人以不同的审美体验，它往往带给人的是轻松感、愉悦感。喜剧先制造一种紧张，又使之在不付出主体代价的前提下得到解除。先惊后喜、由知觉想象到理解顿悟，感情的运动迅速敏锐，其间没有心灵的痛苦。在喜剧氛围中，压力被缓解，情绪得到放松，心理达到缓和，精神得以放松。对于常处于紧张心境的人来说，这是一种极好的心理补偿。喜剧欣赏要求清醒理智的审美观照，机敏地发现其不协调的喜剧性，顿悟其喜剧意义，反思人类社会及人类自身的丑恶、缺陷和弱点，发现其反常、不协调等可笑之处，从而锻炼、提高欣赏者的机智敏锐的审美判断能力，实现对自我与现实的超越。喜剧教育更利于培养人们幽默的审美心理、达观的人生态度。喜剧艺术的幽默性给人以深刻的影响。具有幽默态度的人乐观豁达、包容万象，以微笑面对生活。

第三，加强对于民族传统文化的审美引导。按照集体无意识理论，不同民族、不同国家有着不同的文化心理，亦即不同的人格特质。中华民族有着五千年的历史，其优秀的传统文化，博大精深、源远流长，极具社会美和人情美的代表性元素。中国优秀的传统文化是中华民族屹立于世界民族之林的基石，是中华民族劳动人民道德智慧的结晶，是中华民族的巨大财富和不竭精神动力，是无数中华儿女坚强的信念支柱。可见，没有深厚民族文化底蕴的内容是不会具有独特的个性并且得到世界文化的认可的。

人格养成的先在性与历史继承性要求审美教育应该具有优秀民族文化元素。可以说，只有具备了鲜明的民族意识的审美教育才是真正意义的审美教育，继承了优秀传统文化因素的审美教育才更具有审美价值。

（二）审美情感教育

审美情感从概念上讲是指审美主体对于美的各种意识形式的情感表现和内在心理表现，审美情感教育包括审美关爱教育、审美理想教育和审美修养教育等。在审美活动中，审美情感产生于主体的审美实践中，而又引导、规范着主体的审美实践活动。

在以美成人的审美教育活动中，应注重以下三个方面的教育内容。

第一，审美关爱教育。一般来说，人的基本需要大致分为物质需要和精神需要。在审美活动中，审美情感是在审美活动中，自觉获得的内在心理感受，审美关爱教育与一般的审美认知教育不同，它并不与实用功利的目的直接联系在一起，它注重的是人格本身与审美情感的内在契合。在审美关爱教育当中，最为重要的是教会当代大学生学会关爱、学会真诚，建构中国传统文化所特有的"仁"的特质。

长期以来，由于各种社会思潮的影响，以及高等教育改革中产生的一些矛盾尚未解决，当代大学生人格发展过程中，实用性和功利性的追求得到了部分学生的价值认可。而在我们现行的教育内容当中，对于关爱、真诚的教育往往受到了忽略。当前不少大学生由于是独生子女，过多地以自我为中心、过多地关注自我得失，忽视他人的情感，在人际交往方面产生了不少困惑与问题。而归结这一问题产生的原因，缺少审美情感的教育是一个重要的方面。由于家庭、学校缺乏对于学生关爱、真诚的教育影响，学生在日常行为当中缺少对于审美情感的关注，没有形成对于关爱、真诚等重要审美情感的重视。从一些高校的审美教育来看，培养大学生的审美情感并不难，关键在于高校美育的发展和建设。当前，不少高校倡导和组织志愿服务活动，如定期开展敬老助残活动、社区服务活动、爱心募捐活动等，这既是一种有效的德育手段，也是培养当代大学生审美情感的重要方式。当然，除此之外，学校还可以通过美育课堂的教育、校园文化环境的熏陶、校园文化活动的引导，帮助大学生形成健康的人格。因此，在大学生的人格养成教育中，以审美情感的熏陶和培育为目的，通过开展丰富多彩的关爱教育活动，引导他们学会对他人的体恤和关爱，在家庭关爱自己的亲人，在学校与人真诚相处，尊重老师、帮助同学、关心集体，形成高尚的道德品质、良好的行为习惯和主动的团队合作意识。长此以往，学生能够自觉形成积极的情感体验，具备关爱的意识，懂得关爱身边的人和事，这对于完善大学生自我人格品质具有重要意义。

第二，审美理想教育。审美理想是审美意识中居于最高层次的审美范畴。在艺术活动中，审美理想得到了最充分、最集中的体现。它是在审美经验的基础上产生的，并且是这种经验的高度概括。审美理想产生于社会实践中，人的全部社会活动，从一定意义上说，就是不断地认识现实、产生理想，并实现理想的过程。人的审美理想就产生于这个过程中。作为审美经验的凝结与升华，审美理想与一般的社会理想、观念又有所不同，而且是有经验性的形象特征，非逻辑概念所能涵盖或替代。但是，要充分表现审美理想，使审美理想"物质化"，变成任何其他人都可以接受的东西，那就只有借助透视审美理想的"棱镜"来反映现实的艺术才能做到。

审美理想在人的认知活动中发挥着极为重要的引导与推动作用。对美的坚信与追寻是许多重大科学发明的基本动力。审美理想并不是表现出来的逻辑形态，而是深藏于审美主体内心之中的审美经验和艺术直觉。审美理想是审美主体的先验条件，为审美活动提供标准和条件，是审美活动发生的重要前提条件，是审美活动的基础和前提。因为审美认知是以审美理想为恒定的认知标准和尺度，因此审美理想也就会对认识活动产生重要的影响。树立正确积极向上的审美理想，对于当代大学生人格养成有着极其重要的作用，它使认知活动指向理想人格，以理想人格提供的标准和条件为前提来建构大学生的人格。

第三，审美修养教育。"修养"一般指个体的自我锻炼、自我培养，以及在此基础上形成的各种能力和品质。审美修养教育则是在审美教育中有意识地促进受教育者审美心理结构的自我完善和发展。也就是实现审美他育到审美自育的转变。从这个意义上讲，审美修养教育是审美教育的一个极为重要的目标。在我国，审美修养教育有着深厚的文化基础和现实意义。我国古代很多美学思想家从不同方面阐述了以审美教育作为理念，对构建个人多方面修养起着重要作用。

在审美情感教育过程中，要引导学生注重自己的形象修养、内在气质修养，帮助学生慢慢认同正确的审美修养标准，并自觉地以这一标准来要求自己，逐渐具有人格的审美影响力。作为审美修养来说，这一教育与德育的区别在于，它不是依靠强制的手段和反复的灌输来为学生树立某种标准，而是尊重学生每个人的个性特征，注重强调氛围的熏陶和影响，引导学生对于自我修养的主动性，以美的标准来促使学生从内心深处主动提升个人的修养，不断地通过气质魅力散发出美来，从而得到大家的充分尊重。

终极意义的审美情感教育，应该是帮助人们达到一种和谐的状态，是促使人不断积极追求，最后体现找回人的本性的过程。

（三）审美实践教育

审美实践教育可以有效地促进感性发展，实现审美情感教育，从而促进完整人格的形成。感性既指向艺术又指向现实，美育以感性为起点，实现价值生成。"在当代社会，人愈来愈生活在数字与图像的包围中，审美感官的迟钝及感知对象的非真实性，成为影响人全面发展的重大问题。作为感性教育的审美教育，其首要的任务就是培养人对外部世界的感知能力，即整个身体与对象世界的相融。这种教育目标虽然看似低级，但对人的全面发展却是奠基性的。"感性发展包含两个层次，既包括感性要求的满足与解放，又包括感性的提升与塑造。审美实践教育一般也包括审美体验和审美创造等环节。审美实践教育一般由主体的审美体验和审美创造等环节组成。审美实践是通过人的自主性实践，逐渐体会人的自由自觉对美的创造，并将美的内涵最集中、最直接地体现出来。审美实践教育是功利与超功利的统一与结合，它既内合于美的无功利性，又指向人格养成这一功利性目标。

社会美是审美实践的重要环节。一般来说，"人的生命首先是一种自然生命力，生命的存在与运动使人具有自然的需要和欲望"。

然而，在人类漫长的进化过程中，人的感性生命在社会实践中不断受到理性的规范，并逐步积淀社会文化的内容，这使人的感性生命有了新的内涵。可以说，真正的人的感性能力应该是作为社会人的感性能力，即渗透着认知力、理解力、判断力等理性要素的感性能力。

美育是以审美形式解放人的感性因素，并使之得到适当的释放和文化提升的过程，从而达到激发深层心理活动中的非理性因素的目的，使之保持旺盛的活力。在美育实践中要注意到感性发展的这两个层次，既要满足学生基本的感性需要，在此基础上又要使学生的感性能力得到提升。感性需要的满足是提升学生感性能力的基础，感性能力的提升又会进一步使学生获得更高层次的感性满足，这两方面是互相渗透、互相促进的。目前的美育实践偏重于知识技能教学，忽视学生的审美需要、兴趣和个性，学生的感性需要无法得到满足，因而也就很难提高学生的感性能力。既然学生的需要无法在学校美育中得到满足，学生自然会把注意力投向校外，更多地受到大众美育的影响。因为学生缺乏感性能力，难以抵抗大众美育的一些消极因素的影响，从而会逐渐沉溺于感性世界，过度强调个人主观情感的宣泄，追求单纯的感官刺激，从而失去了原本对自然、艺术和人生的理性思考与把握。

美育实践以发展学生的感性能力为首任。因此，在教育过程中既要尊重和发展学生的个性，又要以直观的审美形式为依托。这是因为，感性寓于个性之中，没有个性也就没有了感性，而富于意蕴的直观形式能够给人的感性因素提供自由表现的机会，事实上也就赋予感性以充分发展的权利和条件。所以，美育实践中促进感性发展要做到以下三个方面。

首先，尊重和培养个性。不脱离感性，也就是不脱离现实生活和历史具体的个体，这一点在美育中非常重要。因为感性见于个性之中，尊重感性就意味着尊重学生的个性、发展学生的个性，这是美育作为感性教育的最基本、最关键的宗旨。一般而言，严格意义上尊重个性、建构个性并强化个性的本体意义的教育，当首推审美教育。德育尽管也提倡个性化的教育，但是任何一个严谨的教育学者都得承认，德育在本体性上是建立某种普遍的道德伦理规范，在德育中的"个性"只具有方法论意义。在智育中，个体对这个世界的各种好奇、探究的眼光从根本上受到某种尊重和保护，但是不管他们以何种个性化的方式来把握这个世界，最终这些体验都必须靠拢、贴近、化归于某一真理性知识。审美作为感性的活动不仅在审美对象方面要求是个别的、具体而生动的存在，在审美主体方面也是极力推崇个性的眼光、个性的感受、个性的体验与个性的直觉与洞察。审美不仅期待着个性，而且造就个性、生成个性，没有个性也就没有审美，也就没有审美教育。

其次，尊重学生感性需要，完善学生感性机能。人的感性机能主要包括感觉、知觉、情感、想象等，它们在审美、艺术活动中发挥着重要作用。它既包括感官层面的机能，也包括情感体验层面的机能。这种感性机能以情感为核心，但又不止于情感。这是因为感性是一个贯通了肉体和精神的个体性概念，它包含生理和心理两个层面。感性教育固然以心理机能的完善为核心，但是生理机能的完善也不容忽视。人的一切活动都要以一定的生理机能为基础，在审美、艺术活动中也是如此。因此，在人的审美和艺术活动中，要重视学生的感性需要，关注作为感性活动基础的生理机能，对个体的人格、人性做整体性观照。

最后，运用直观的审美创造影响学生的观念意识，形成良好的审美趣味和审美观念。感性教育以把握对象内蕴为归宿，而不是以逻辑结论为主旨，这是一种生机勃勃地面对对象的领悟理解。然而，在智育统领一切的教育传统下，人们往往习惯了以概念、推理等形式来认识世界，容易忽略通过实践、体验等直观形式来把握世界。其实，直观形式得到的观念意识，往往比概念形式中的观念意识更丰富，而且能对人的心灵产生更加深入细致的影响。尤其是在人们几乎单一地以理性来认识世界的情况下，我们更需要发展人类的感性，更需要发挥直观的作用。正是从这个意义上而言，我们说美育是一种感性教育。

第二节　高校美育课程建设的原则与方法

一、高校美育课程建设的原则

原则是人们观察问题、处理问题的准绳，对问题的看法和处理，往往会受到立场、观点、方法的影响。原则是从自然界和人类历史中抽象出来的，只有正确反映事物的客观规律的原则才是正确的。

教育原则发源于教学实践。教学实践是教育原则赖以产生的根基和土壤，也是教育原则不断更新、发展、丰富的唯一源泉。自有教学活动以来，人们在教学实践中，经过不断摸索探讨，逐步发现了一些使教学取得成功，带有规律性的因素，认识到一些导致教学失败的教训。于是思想家、教育家将他们加以总结、提炼、概括成为理论原则，作为指导教学实践的基本法则。

人是一个感性、理性及非理性的统一体，因此，完整的教育应该使人的这三个方面都能得到发展和完善。在高校中，大学生在阅读和欣赏文学艺术作品时，不能从中领悟作者的精神情感，也不能获得心灵的悸动和审美的愉悦；面对一幅世界名画他们表情麻木，面对美妙的大自然显得无动于衷。可以说，大学生缺乏审美能力的现象在一定范围内比较普遍地存在着，他们不知道什么是美，也不知道怎样欣赏美，更谈不上去表现美和创造美。而以美成人的美育一个非常重要的培养目标就是培养学生良好的审美能力、审美情趣和审美修养，从而培养人格上和谐发展的大学生。以美成人的美育不是一般的知识教育、艺术教育或技术教育，而是一种全面的审美素质教育，就是要以培养大学生完善的人格为目标的教育。通过美育，不仅要培养大学生欣赏美和创造美的能力，而且要促进大学生树立美的理想，发展美的品格，培养美的情操，形成完美人格。

随着教育改革的不断深入，人们对学校美育的认识也在不断提高，但从我国目前高校教育的现状来看，还是不容乐观。高校美育远不及德育、智育、体育等完善，在教育开展的实际中存在比较严重的教育方向不明确、教育原则缺失的问题。具体体现在以下几个方面：第一，一定程度上存在着为考试而学的"唯分数"现象，因此而导致的厌学现象十分严重。第二，现实中的高等教育大多是一种片面强调理性而忽略感性和非理性的理性主义教育，这种理性教育以传授大学生理性知识、发展大学生理性能力为主要目的，借助科学的手段来实施教育。只重视理性而忽略学生感性发展的教育，使学生的感受力受到严重的损害，对各种事物失去兴趣和好奇心，精神生活极其贫乏，甚至会导致情感的冷漠。第三，目前在学校教育中，较多地存在着美育与学生思想行为"两张皮"的现象，教师和学生都把美育当作一门课程来学，并未从自己的生活实践和社会生活中去体验学校传授的美育观念，更没有使之成为自己的价值观念。究其原因，就是美育的过程中缺少了审美过程，变成单调、抽象的定理。第四，美育过程中的模式化教育也限制了学生个性的充分发展，强迫所有学生接受同样的知识和同样的教学模式，没有充分考虑学生个性化发展。片面地追求对学生群体进行共同目标的教育，忽略了学生个体差异，用同一本教材教不同资质、不同文化教养、不同家庭背景的学生；用同一套试题测试不同基础、不同程度、不同能力、不同兴趣的学生；用同一把尺子衡量所有学生在学习过程中产生的差异；用同一个标准判断不同发展轨迹的学生。不重视学生的不同发展需求，不允许学生有不同于教学大纲和教材的见解，以"教"的形式上的"公平性"掩盖了"学"的实际上的不公平性，结果"因材施教"成了陈旧教育观念的同义语。更严重的后果是剥夺了学生自由发展的权利，束缚了学生的个性化发展，窒息了学生不同的天赋才能。在这种美育的教育模式下，学生逐渐失去了灵性与锐气，变得没有了个性、没有了特点，更不会创造。长此以往，最终将影响整个民族的发展动力。

根据以美成人的美育基本定位，结合当前高校美育原则缺失的现实问题，在高校开展以美成人的美育要注重以下四个基本原则：

（一）乐中施教的原则

美育的乐中施教原则，是指在对大学生进行美育过程中根据教育的目的、结合大学生的审美特征，有的放矢地对学生进行审美教育，把大学生单纯的生理愉悦转变成渗透着理性的高尚情操的原则。这种寓教于乐、以乐促教的教育方式是审美教育得天独厚的优势。在美育过程中，要坚持以美成人的美育乐中施教的原则，要将愉悦教育和形象教育贯穿教育的全过程。

但是，在现实中，高校美育工作与现实不同步，教育的有效性程度不同，内容和方法陈旧，往往表现为由上而下、千篇一律地讲道理，忽视了学生的情感世界、年龄特征和个性差异，学生处于一种被动的参与，缺乏一种主动的全身心投入，其结果容易造成学生冷漠和抵触。而将愉悦性贯穿大学生人格养成过程，可以弥补美育工作中硬性说教的枯燥和抽象乏味的弊端。因此，在大学生人格养成教育的过程中要注意激发学生的兴趣和能动性，变消极被动为积极主动，借助美育的手段，让学生在生动形象、意义深刻的活动过程中受到教育，往往能取得事半功倍的效果。

要实现将愉悦性融入大学生人格养成教育中。首先，要求从教材到教育活动过程，从教师的教导到活动环境都具有愉悦、有趣的特征，这就要求教材的编写既要有一定的思想深度，又生动地切合大学生实际，不要空谈大道理。另外，美育教学力求形式多样，可以采用辩论、演讲、讨论等方式，还可以利用现代化教学手段，抓住大学生热点问题。老师在其中始终要注意启发和引导，个别教育要发扬民主、尊重个性。其次，在以美成人的美育工作中，可以设计一些适合大学生的活动。例如让学生欣赏充满道德、国情的影视作品；在文艺汇演中，鼓励学生自编自导一些反映学生自己生活的故事；举办一些主题积极向上的学生原创歌曲大赛、绘画大赛等。让学生在对美的欣赏和创造中、在自我沉浸与陶醉中，伴随着相应的情感发展的体验，实现美的意识自觉，使人格丰满和升华。

总之，在整个教学活动中，由美育效应带来的愉悦性，使学生成为教学世界中的发现者、创造者，使学习过程转化为一种丰富的精神享受，引导学生形成一种高尚的健康人格。

形象教育是美育要遵循的另一个特质。美是形象，面对形象，不能单靠理性来认识，而要通过感性的形式，通过情感和想象，充分体现出一种顽强、坚定和正义的精神气质，以至于后人把它作为保家卫国的精神象征。米洛斯的维纳斯雕像，更是以卓越的雕刻技巧、完美的艺术形象、高度的诗意和巨大的魅力，使雕像具有一种崇高的内在精神美感。千百年来，美育正是以其形象性带给人们精神上的愉悦，教会人们怎样去感受山川大地的美，怎样从丰富的美的形态中去把握、表现、创造出新的美，进而陶冶人的情操。美育的以情动人，是通过审美形象为手段来实现的。形象性不仅意味着感性形象，而且意味着对形象的情感意蕴的体验与感悟，情感的唤起、持续、深化与表现都离不开感性形象的产生与运动，将形象性贯穿在美育的过程中，可以以美引善，使人在潜移默化中实现人格的完善。

可见，在大学生的人格养成方面，美育作为形象直观的教育，它表现为赋予了学生创造性思维的空间。它通过诗情画意引起的想象，内情和外景交融的意境，让学生思接千载、视通万里，引发出浓厚的学习兴趣，由此触发学生的创造灵感，使之把握创造的契机，丰富和活跃自己的想象力，最终实现开发智力、发展人格的目的。因此，在审美教育的过程中，我们可以组织学生欣赏大自然，通过远足、旅行、露营等活动，使学生在对自然景物和名胜古迹的观赏中认识和理解自然景物，提高审美兴趣；还可以通过引导学生欣赏古往今来著名艺术大师的经典作品来领会和体味美的内涵和美的意蕴。

大自然中的每一幅景象，中外文学艺术经典名作中的每一首诗歌、每一曲音乐、每一幅绘画、每一部影视佳作，无不凝聚着艺术家苦苦创新、孜孜求异的心血，更凝聚着艺术家对人性中真、善、美的领悟和思考，是人类宝贵的精神财富。把这些经典的美与美育内容紧紧契合，对于促进大学生人格和谐发展无疑有着不可替代的作用。

艺术与科学的共同基础是人类的想象力和创造力，而美育则是想象力与现实、精神与物质之间的桥梁。也正是从这个意义上，我们说以美成人的美育就是让学生在教育过程中，甘之如饴地享受美的教育，涤荡心灵的尘埃，启发创新思维，实现人性中的美好和谐。

（二）因材施教的原则

美，说到底是人的一种主观感受，审美是主体性的审美。不同的审美个体在不同的生理和心理机构的基础上，形成了不同的审美需要、审美能力和审美价值取向，每个人对美的理解和认识都各不相同。因此，在开展美育的过程中，我们要尊重这一基本规律，坚持因材施教的原则。美育中的因材施教原则是指在美育的过程中，根据大学生能力、性格、志趣等具体情况施行不同的美育，从而使大学生的人格能够自由、和谐地发展的原则。

尊重大学生审美个性倾向对于促进个体完整人格的构建具有重要意义。从教育学的角度看，因材施教的原则表现出对大学生主体地位的充分尊重及个体身心智能差异的科学态度，以及对学生的后续发展预留了一定的空间。从教育教学的角度来看，从学生实际出发，针对学生不同特点，区别对待，有的放矢地进行教育，使学生按照不同途径、不同条件和方式，取得最佳的教育教学效果。因材施教原则是学生身心发展规律在教育教学中的反映，是符合大学生人格发展规律的基本原则。

在以美成人的美育中，我们可以从以下三个方面来贯彻因材施教的原则。

首先，准确定位，从实际出发进行美育。在对学生进行美育前，首先要了解学生，了解他们在哪些方面比较擅长，哪些方面还存在差距，对学生的审美认知水平进行准确的定位，真正做到把好每个学生的"脉"，帮助他们了解自己的审美情况，认识他们自身的优势，从而调动大学生学习的积极性，帮助他们树立取得成功的信心。

其次，针对学生的个性特点，设计最佳方案，使其个性得到充分的发展。在美育过程中，要求教育者对学生的一般知识水平、接受能力以及每个学生的爱好、兴趣、身体状况等方面都需要充分了解，以便从实际出发，分别设计不同个性特点学生成长的最佳方案，取己所长，避己所短，有针对性地进行美育教育。

最后，正确对待个别差异，激发学生的学习兴趣。在以美成人的美育中，要充分尊重大学生的需要、兴趣和各方面的才能，使学生在美育过程中，找到自己最喜爱、最擅长的领域，并在这一领域中深入下去。在这一过程中，要求教育者必须对所教学生有详尽的了解，最大限度地掌握学生的兴趣所在，不失时机地引导鼓励学生，以增强他们的自信心，激发学生提高自我美育的主动性。"只有能够激发学生去进行自我教育的教育，才是真正的教育。"在美育中，只有认真贯彻因材施教的原则，才能有效地培养学生审美的兴趣，提高学生的审美能力，促进学生个性的协调发展，从而建构和谐人格。

（三）循序渐进的原则

美育中的循序渐进原则是指在大学生人格养成的美育过程中，要根据大学生认识发展的顺序，由浅入深、由易到难、由低到高逐步进行的原则。

按照认识的规律，人们对事物的认识总是由感性到理性、由表及里、由此及彼的，学生学习的过程也是如此。以美成人的美育的循序渐进原则就是要求按照由近及远、由简到繁的认识规律来组织教学。大学生在完成了中学阶段的学习后，升入高校进行学习，是从人生的一个阶段进入了另一个阶段。这一阶段的学生一般缺乏实践经验，他们的心理、思想与行为处在从发展中逐渐走向成熟的阶段，他们的审美观有正确的也有错误的，有高尚的也有低级的，有健康的也有畸形的，不良的审美观往往使人无视美、歪曲美，甚至以丑为美，严重影响他们身心正常发展。因此，在审美教育中，首先要进行大学生自然美、艺术美、社会美等欣赏能力的培养，当大学生形成一定的高尚健康的审美情趣时，再发展其审美想象和艺术创造能力，最终使其构建起高尚完整的人格。这个过程是一个循序渐进的培养过程。

首先，要帮助大学生养成正确的审美态度。简单地说，审美态度就是人们在审美活动中所持的审美观。正确的审美态度是以美的眼光来认识世界，以美的视角来分析世界，在美的欣赏中实现对名利与物欲的超越，在愉悦的心态下达到精神世界的自由与陶醉。正确的审美态度可以让大学生养成乐观向上的世界观、人生观和价值观，善于发现生活中的美，以美的经验来化解问题与矛盾，不瞻前顾后、患得患失。正确地看待前行中遇到的困难和磨难，不轻易被摧垮和打倒，善于化解各种竞争的压力为无尽的动力，快乐地学习、轻松地工作、幸福地生活。

其次，要帮助大学生提高审美欣赏和判断能力。审美欣赏和判断能力是人们在审美活动中发现、感受、判断和欣赏美的能力。它帮助大学生正确区分美与丑、善与恶，是他们摒弃假恶丑、高扬真善美，按照美的理想去创造世界的先决条件。审美能力的培养要从两个方面入手：一要紧紧抓住知识传授的环节，占领课堂教学的阵地，通过美学基本知识的传授，使大学生掌握基本的美学常识和美学理论，了解美的本质和特征、内容和形式，使大学生具有初步的美学修养，并在此基础上形成正确的审美标准判断，在审美活动中起到理论上的引导作用；二要大力开展审美实践活动，使学生在课外、校外丰富多彩的艺术实践中，在具体可感的审美体验中，在美丽的大自然和社会的广阔天地中真正学习美、了解美、感受美、欣赏美，在美的感染中使情感得到升华、审美能力得到提高，人格结构趋于完善。

再次，要培养学生的审美创造能力。完美人格构建的重要目标之一就是要发挥人的创造性。审美创造能力是指人们在审美实践过程中，按照美的规律，遵循美的原则，自主创造美的事物的能力。美的创造力来源于身心的解放、丰富的想象力和超常的动手实践能力。大学生具有热情好动、求变求新的特点，高校美育要鼓励大学生的创造热情，同时引导他们自觉地用美的尺度来评价、指导自己的生活，按照美的规律来美化主观世界和客观世界。学校美育要引导和鼓励学生对美的创造热情，为他们搭建创造美的平台，使他们有充分的机会来展示自己，有足够的勇气和能力去描绘自己和世界的未来。美育是激发主体的创造欲望，培养大学生的创造能力，实现其完善人格的有效途径。

最后，要帮助大学生自觉地以美修身。大学生是天之骄子，年轻、好学、有知识、有才干。但有知识不等于就有了高尚的人格，有才干也不等于就能干出一番大事业。高尚的品格来自美的塑造。高校美育要帮助大学生自觉地按照美的标准和规律修身养性，塑造美好的自我形象。大学生审美素质的养成，不仅要靠自身努力，还在于他们所赖以成长的特定环境，以及他们成长过程的走向。因而，加强美育，提高大学生素质，是一个持久的全方位的系统工程。它应该包括以下方面：规范设置艺术鉴赏课；广泛开展课外活动，开拓美育第二课堂；加强校园文化建设、美化校园环境。还要通过健康向上的艺术实践，激活大学生自身潜能，完善其人格、抖擞其精神，使大学生在审美修养的不断提高中，实现生理、心理健康和谐地发展。

此外，循序渐进原则还体现在不断反复的美育过程中。细雨润物，贵在不断熏陶，好的艺术品百看不厌，优美的歌声反复传唱，优秀的文学作品留传百世，而每次欣赏都会有新的感受。

二、高校的美育课程建设的方法

我国的高校美育在具体教育实践中运用、创造了多种美育方法，并仍在不断发展完善。但我们如果从以美成人的视角审视美育方法，还是会发现一些现实中存在的问题，比如主要教育方法及形式过于单一，重知识传授、轻情感与实践体验；教育过程中教育者、受教育者都有一种急功近利的心态，浮躁短视。表现在现实生活中就是，在激烈的竞争和来自学校和家长的高期望值下，学生只追求高分，结果使一些学生片面发展，出现人格不良。根据对于以美成人的美育的基本定位，结合当前高校美育方法的现实问题，在高校开展以美成人的美育要以知识传授、实践体验、环境熏陶、自我教育、情感共鸣和朋辈交流等作为主要方法，并注重以上方法的综合运用。

（一）知识传授

美育中的知识传授法是指将美育的基本知识或常识直接通过课堂教学等方式向受教育者输送传递的方法，是高校美育中最基本、最常用的教育方法。

知识传授法方式多种多样，主要有知识讲授法、学习宣传法等。首先，知识讲授法。知识讲授法是教育者通过口头语言向受教育者传授美学理论的教育方法，这是一种使用最多、应用最广泛的理论教育法。运用知识讲授法必须注意以下三点：注意讲授内容要正确，讲解的知识、概念应具有科学性；讲解既要全面、系统，同时又要找到理论与实践的结合点；讲解要采取启发式，循序渐进地进行引导，防止注入式、填鸭式。其次，学习宣传法。学习宣传法是运用各种传媒方式和舆论方式向学生传授美学理论知识的方法。这种方法主要通过邀请专家给学生进行一些美学知识讲座，读书辅导来宣传美的思想，引导学生的思考。理论宣传法系统性强，覆盖面大，影响范围广泛，它不仅仅影响受教育者，而且能营造良好的舆论环境，促进和引导学生自觉学习。

知识传授法具有以下三个基本特征：一是直接性，即在审美教育的过程中，教育者与受教育者都明确意识到在开展或接受教育，这一特征要求传授法必须在受教育者发自内心接受教育的前提下才能有效实现；二是系统性，知识传授一般是一个相对长期的教育过程，面向比较稳定的受教育者群体，开展教育的时间地点也比较固定，这就为教育者进行充分的教育准备，完整系统地、有目的、有计划、分步骤、分阶段地开展审美教育并提供了现实可能；三是易普及性，知识传授简单易行，一般意义上，只要有一两名专业的美育理论教育者和足够大的教育场所，就可以面向上百名甚至数百名受教育者同时开展。

通过在课堂上普及美育，教师不仅传授美学基本理论知识，还要引导学生认识美的起源、本质、规律，认清审美对象的价值，掌握欣赏美和创造美的原则和基本方法。在日常学习、工作、生活中，让学生亲身体验客观世界和人自身的美，对真善美和假恶丑进行比较鉴别，予以正确评价。如在讲授"社会美"这一问题时，可引导学生对照自己找出差距，确定目标，不断要求完善自我，重新找到自己的合适定位。学生对美的认识和体会总是感性的东西多一些、理性的东西少一些，因此难免美丑不分、高下难辨。通过美的知识和理论的学习与传授，从理性上帮助学生认识美的本质、规律、范畴、形态，了解各种艺术的基本常识，从而提高学生欣赏美的能力，促进学生人格的和谐发展。

（二） 实践体验

实践体验，强调的是受教育者通过对亲身体验，在实践过程中社会化并形成对美的理论原则的更深刻和准确的认识，提高学生审美、创造美的水平与能力，使个体身心得到和谐发展。体验基于自身的亲身实践，它必由自己的感官、自己的认识领悟、自己的情感和生命体验达到"意义世界"和"价值世界"，最终形成对美的态度。"在体验世界中，一切客体都是生命化的，都充满着生命的意蕴和情调。"体验"可以超越经验达到理性；超越物质，达到精神；超越暂时，达到恒久"。

以美成人的美育中的实践体验是学生亲历对象引起相应的心理变化的活动。亲历是实践体验的本质特征，其中既包括实际的亲身经历，也包括心理上虚拟的经历，即亲"心"经历。实践体验是一种综合性的反应，是知情意行的统一活动。通过实践，人的一切外在现实主体化、内在化，成为人内心生活的有机成分。

实践体验法在以美成人的美育中起着不可替代的作用。通过组织大学生感受现实审美生活，一方面，可以使其在感性认识的基础上验证已经学习掌握的美育的知识和理论，有利于强化审美理论教育的成果；另一方面，可以在实践体验中获得新的感受，使个体的审美需要得到满足和提高，促进学生身心的协调发展。

在美育过程中实施实践体验法时要遵循以下原则：一是要建立实践体验的长效机制。实践、认识、再实践、再认识是一个无限循环往复的过程。大学生的审美观具有一定的波动性，期望仅依靠一次的实践活动就能达到提高审美能力的效果是不现实的。应当建立审美实践的长效机制，根据新时期大学生美育的新形势、新问题，灵活运用和积极创造各种适当的实践形式，逐步提高大学生的审美观和审美创造能力，促进学生人格的全面发展。二是要对实践体验的过程加以指导。未能进行科学组织的实践体验往往容易停于表面，流于形式。要想取得深入的教育效果，就必须对实践过程加强指导。首先，要从高校审美价值观现状的客观需要出发，制订体验计划。其次，要在体验过程中指导学生有目的地观察记录。最后，要给学生提供相关理论支持和比较参考对象，指导学生深入理解，使学生产生思想和情感的共鸣，从而获得美的享受和受到深刻教育。

（三） 环境熏陶

大学生思想活跃、情感丰富，又有一定的文化科学知识基础，多数学生身上具有诗人的品格和浪漫主义的气质，其情感易被激发。生活环境本身就是他们学习的重要组成部分，与他们联系密切。将审美价值观教育化解到他们熟悉的生活中，运用环境熏陶感染的方法对他们开展教育往往会起到事半功倍的效果。社会、家庭和学校构成了学生生活的整个环境，对于大学生来说，校园是他们学习和生活的主要场所，具有校园特色的人文氛围、校园精神和生活环境是美育的重要途径，同时也对大学生人格养成具有重要的作用。因此，以美成人的美育中的环境熏陶法的主要载体就是校园文化。

大学生的健康成长离不开健康的校园环境，大学生的素质教育离不开良好的校园文化氛围。首先，建设良好的校园环境，让学生一接触便感到赏心悦目、舒适得体，还会引导人的审美情趣、审美格调的提升，是一种强大的教育力量。具有一定文化观念的和谐的建筑构造，绿树婆娑、花木扶疏的校园绿化，干净、整洁的教学生活环境让学生在校园的每一处都能感受到文化、文明和美。其次，校园文化活动的开展为学生发现美提供了很好的途径，增强学生的心理体验。发现美是审美的前提。学校里的各种社团组织以及组织开展的各种活动，如读书会、演讲会、朗诵会、文学社、科学兴趣小组等，从读书、影评、音乐会等活动中去发现、体验艺术美。艺术美以其巨大的美的形象感染力，震撼学生的心灵，滋养和熏陶学生的情操，逐步增强学生对真善美的心理体验。最后，在学校中，科学的教育管理制度、民主的教育方式、良好的校风学风、平等和谐的人际关系、丰富多彩的文体活动、良好的校园文化氛围，犹如纯净的空气、适时的春雨，让学生潜移默化地自觉成才，对学生的健康成长产生积极的作用，使他们在行为、语言乃至心灵受到熏陶，构筑起高尚完善的人格，使个性品质得到全面发展。

运用环境熏染法，需要把握以下两个原则：一是形式上要喜闻乐见，要具有一定的吸引力和感染力，才能获得学生情感上的共鸣，达到熏陶教育的目的；二是注重发挥学生的主体性作用，引导和鼓励学生多参与各类文化活动，多创造高水平的文艺作品，让学生在参与和创造中受到感染。

（四）自我教育

美育中的自我教育法是指受教育者按照审美目标和要求，通过自我学习、自我修养等方式发自内心地接受美、欣赏美、创造美的方法。

青年正处于青春期，这是从少年向成人的过渡期。这时的青年在心理上的独立意识已经形成，有较强的思辨能力和观察能力。他们常常以批判的眼光看待事物，其实更相信自己的判断。因此，高校阶段正是人的思维方式的塑造时期，也是价值观、人生观、世界观的形成时期，对人格发展有着极为重要的影响。

以美成人的美育中的自我教育法具有自觉性和主动性的特点，是受教育者为了提高自己的审美能力而进行的审美过程。它的主要依据是辩证法中关于外因通过内因起作用的原理。只有包含自我美育的美育才是真正的教育，因为教育者的教育活动只是一种外因，永远不能取代教育者的认识、内化活动和实践外化活动。

自我教育在以美成人的美育过程中具有十分重要的作用，是提高大学生审美水平，完善大学生人格的有效途径。自我教育的作用：一是有利于教育者和受教育者融为一体。以美成人的美育是他育与自育的有机结合。教师的他育是学生自我教育的基础和前提，而自我教育是教师教育效果的关键和保障。自我教育充分发挥受教育者的主观能动作用，使教育者自觉、主动、积极地进行自我学习、自我修养，提高了受教育者的审美水平，塑造了大学生健全的人格。二是有利于增强教育者的自我教育能力。"教是为了不教"，受教育者只有具有自我教育能力，才能自立、自为。因此，以美成人的美育自我教育过程，实质上是一种提高学生审美修养的过程。在自我教育过程中，学生自我学习、自我发现，逐步增强了当代大学生的审美能力，完善了审美心理结构，提高了人格的协调性。

美育过程中实施自我教育法时要注意如下问题：第一，强调自我教育与强调他教是高度一致的。在对美育中自我教育的强调，是基于美育的个体性和美育目标实现的自我建构性，但绝非意味可以降低对美育实施者的要求；相反，恰恰是提高了对教师的责任和要求。实施自我美育要求美育实施者必须具备更高的教育责任感和教育艺术。第二，自我教育实施个体的教育，强调个体在美育中的责任和积极性。强调自我教育，恰恰是同时强调了集体教育，强调了学生在互动交流中实现的个体审美培育。第三，自我教育不是故步自封、闭门造车，而是强调个体要勇于在生活实践中受教育，要把理论学习、艺术体验和社会实践紧密结合起来，在实践活动中不断提高自己的审美能力，养成良好的人格品质。

（五）情感共鸣

美育的情感共鸣法是指在美育过程中，教师将自己丰富的情感融进美育之中，拨动学生的心弦，使师生在情感上产生共鸣、在认识上达成共识，进而提高教育教学效果的方法。它是融传授知识、提高觉悟、培养能力、完善人格为一体的全方位的方法。美育注重教育对象的情感调动和情感激发，一个人人格的发展总是一个客观对象逐渐内化为个体情感的过程。由此可见，它就不能单靠说教来达到，更主要的是在情感的熏陶下，在自身的情感体验中得以实现。

在实施以美成人的美育情感共鸣法的时候，必须坚持和把握好情理交融的原则。这实质上是要求在审美过程中表达出的感情必须是经过普遍认可的、能够激发人积极进取、培养人美好情操的情感，不应该是"庸俗之情"。在进行情感共鸣法的过程中要贯彻健康有益、格调高尚的基本要求，启发大学生理性思考，引导学生注重精神和情操的陶冶，牢固树立正确的世界观、人生观和价值观。

大学生审美活动的情感性，决定了在实施以美成人的美育时，要注意情感因素的设置。其表现形式体现在教学氛围、教学过程、教学语言、教学手段四个方面。在教学氛围培养方面，通过创设愉悦的育人情境，提高美育的效果使学生在愉快温馨的教学气氛中，潜移默化地提高审美能力，净化心灵。在教学过程创设方面要能充分体现学生的主动性、独立性、体验性，要在教学中，有意识地设计让学生主动靠近美、接受美的环节。

优美的环境，自由的讨论，启发性与愉悦性相结合的教学艺术，使整个教学过程既热烈紧张又轻松自由，激发了学生的兴趣和热情，引导学生积极思考与探究，使学生自己去领悟美育的意蕴。这种将丰富的情感融于具体的教学过程之中，达到情感共鸣效果的教学方法，正是以美成人的美育的显著特征。

（六）朋辈交流法

美育中的朋辈交流法，是指具有相同背景，或是由于某种原因使具有共同语言的人通过平等的对话交流的方式在一起分享信息、观念或行为技能，以实现提高审美能力，促进人格完善的教育方法。

美育是需要受教育者积极参与的一种特殊教育，受教育者主观能动性的发挥程度直接影响美育的效果。而有研究表明，根据大学生生理、心理的特点，学生对朋辈交流的教育质量给予了较高的评价。这主要是由于朋辈交流营造的平等、尊重的氛围，使学生摆脱了老师讲授而形成的学生只能被动接受，并使自我意识受到某种程度的压抑和控制的局面。因此，在某种程度上说，朋辈的交流是最平等的交流，也是最彻底的交流。由于交流者的平等身份，学生可以无所顾忌、畅所欲言，甚至大胆质疑，激烈争论，在毫无保留的互动交流中解惑去疑、修正偏颇、坚定信念。同时，朋辈的交流由于交流的双方具有大致相同的身份、背景，也更能产生情感的共鸣，达到互相的认同，结下深厚的友谊。朋辈交流法还使学生在交流中通过互通有无，丰富自己原有的认知体系，特别是在争论中很容易产生思想火花的碰撞，发现新的理论视角和观点，促使学生进行更深入的思考和研究，启发和培养大学生的创新能力。朋辈交流的这些特点使大学生的审美认知与欣赏能力得到长足发展，使审美的想象力在激烈争论与快速思索中展翅翱翔。同时，由于朋辈交流常常以多个学生的集体参与为特点，会以组合和结队的方式进行，还培养了大学生的团队合作意识，促进了大学生人格的协调发展。

第三节　高校美育课程建设的载体与运行机制

一、高校的美育课程载体

"载体"一词最早出现于化学领域。随着科学综合化趋势的发展，"载体"的含义得到引申，扩大到社会科学领域，为众多学科所使用。"载体"现通常被理解为承载知识和信息的物质形体。以美成人的美育载体就是能够承载和传递以美成人的美育的内容和信息的形式。

（一）基本载体：美育课程的课堂教学

基本载体就是以美成人的美育最根本和最基础的载体。学校的主要教育活动是教学活动，课堂教学是主要的教学活动，因此，课堂教学是学校向学生进行教育的主要形式，也是美育的根本途径和主要渠道。高校美育课程的课堂教学是在科学的教学理念、特定的教育目标、合理的课堂组织安排下开设的，高校美育课程是以美成人的美育的基本载体。

高校美育课程的课堂教学主要包括文学的课堂教学和艺术的课堂教学。文学课堂教学主要包括文学常识教育、文学作品欣赏等内容，使学生通过对文学语言"意向"的把握，接受文学艺术中的审美意识，进行审美的心理建构。文学属于语言艺术，以语言为基础材料来塑造具体可感知的审美形象，并以此来反映社会生活和表现情感，生动地描绘现实生活，形象地刻画具有代表性的人物，同时也更为自由地表达人丰富而复杂的情感世界。它通过文字与语言，让人们运用自己的想象来感知文学形象，认识到最真实的现实世界，感知人类最为美好的情感。文学的审美特征主要在于文学的情感性、形象的间接性、表现内容的丰富性等。文学作品能以美的、生动的形象去感染学生，用美的语言去激发学生，在善与美、情与理、言与行的体验中形成美的评价能力和创造。

艺术课堂主要包括音乐艺术、美术鉴赏、戏曲电影艺术等。艺术在本质上关注的是人的心灵。高校的艺术教育主要是使受教育者具备基本艺术审美修养的教育。一般来说，艺术修养是在艺术审美实践中逐渐生成的，艺术修养的高低不仅影响到个体人格的发展与完善，而且它本身就是一种社会性的人格素质。音乐教育是艺术教育的一项核心内容。听音乐不仅能解除课程过重造成的疲劳，而且有助于学生理解和消化其他课程。因此，高校对大学生进行综合音乐素质训练教育，要根据学生音乐素质的实际基础，从简单的知识开始逐步培养，把音乐史、音乐理论、音乐欣赏等与个人的音高感、节奏感、音色感、和声感及音乐的想象力、感受力和表现力等辩证统一起来，使学生真正感受到音乐艺术的美。开设音乐课可以指导学生在生活中扬美驱丑，美化心灵，使自己成为具有审美观念和高尚艺术修养的人。另外，美术是一条导向美的殿堂的通道，是学校进行美育的重要学科之一。各种有价值的美术作品，无论是形象地表现自然美景，还是典型的描绘社会生活、鲜明地刻画人物的性格，都可以使人们从它的形象和色调上感受美，体验到愉快或其他健康的情感，加深对生活的认识，激发对生活的热爱。

近年来，我国高校的美育工作取得了一定的进展，由于美育课程起步较晚、重视程度不足等客观现实的存在，使得美育的实施与课堂教学仍然普遍存在着重理论轻实践，重知识传递轻感情体验等问题。一方面，目前在国内还基本上是沿用旧的美学课程体系，把美育当作一门知识来学习，这就不可避免地会造成美育教学与审美实践的脱节，理论与实践难以形成一个统一体；另一方面，忽视了课堂教学过程中作为审美主体的学生对美的情感体验。美育不能离开感性形象，不能没有审美主体的情感体验，从理论到理论、从教科书到教科书的知性思维教育方式，实际上抹杀了美育对审美主体在情感、想象、创造等方面所起的独特作用，从而弱化了美育的人文学科地位和价值，使得美育的实效性大为逊色。综上所述，美育课程教学观念的不完善带来了教育目标、教育内容和形式等方面的问题，使美育很难彰显在学生人格养成中的地位和作用。以美成人的美育，应在课程设计和课堂教学方面从教育目标、教育内容和教育形式三个方面进行科学、合理的设置和构建。

1. 注重教育目标的全面性和层次性，确立以美成人的美育目标体系

美育的目标可分解为相互联系、相互渗透的两个层次：表层是传递审美知识，提高人的审美感受能力和审美创造能力，培养与此相关的感知力、想象力、理解力等能力素质；深层是对人的精神世界的陶冶、对心理结构的重建，乃至塑造健全的人格，促进人的全面发展。美育目标任务的实现是一个由浅入深、由部

分到整体的过程，培养学生的健全人格是美育的终极目标，也是美育课程的教育实质。现代美育不能仅仅停留在表层的审美知识和审美能力的层面上，而应该让学生通过这些内容的学习拓展知识背景和思维空间，获得基础性的文化知识、价值观、认识论和方法论，使学生的知识范围和思维空间不至于仅仅局限于专业知识和方法论的层面，应使学生的人格获得宽厚的文化底蕴。美育是对整个人的教育，美育已发展成一种以各种美和各种艺术（内容）通过各种审美活动（中介）和美感体验（接受）的综合育人活动，是对人的整体性教育，关注人的整体素质的提高，既提高审美能力，陶冶道德情操，也开启心智之门。因此，美育课程是在追求真善美和谐统一上的人格教育，是在关注人的整体素质和个性自由全面发展上的素质教育。在教学中要建立逐层深入的教学目标。从层次性上讲，既要有浅层目标，更要有深层目标；既要有一般性的目标，又要有特殊性的目标；既要有远期性的课程目标，又要有近期性的课程目标。从全面性上讲，不仅要包括知识性目标，还要包括行为的、情感的、认知的、结果的、体验的、表现的等目标。科学、合理的教学目标的确立有利于教育的有计划、有目的地开展和实施。不仅要传授审美领域的相关知识，更要注重引导学生进入艺术所营造的审美境界之中，体味灌注其中的浓郁的审美情感，接受美的感染和陶冶，更要着力培养学生的人文精神，促使他们完善自身的个性结构，实现全面发展。

2. 注重教育内容的系统性和科学性，促进学生普适美与个性美的和谐

美既有相对共通的标准，同时也因个体的个性特点不同而呈现出不同的特点，因此，对于个体的美的教育，也要在普及共性美的标准基础上，针对不同个体的审美接受机制和个性特点，开展教育帮助学生树立正确的个性发展观，促进学生普适美和个性美的和谐统一。

将系统性和科学性的原则落实在以美成人的美育教育内容设置上，就要建立系统的课程体系、教学计划，还要强调教育中人格养成的指向性。首先，在课程内容的选择方面，教育的目标并非在于让学生获得专业性教育要达到的某个科目或领域类别的知识体系及结构化的知识要求，而是在于让学生通过这些内容的学习拓展知识背景和思维空间，获得基础性的文化知识、价值观、认识论和方法论，使学生的智性思考获得独立性，唤醒学生的审美意识，提高学生的审美能力，使其人格获得宽厚的文化底蕴。其次，在教学内容的选择上，重在突出文学艺术门类课程。具体来讲，文学艺术课堂教学主要包括文学、音乐、美术等学科，理论知识主要包括文学和美学的基础理论、艺术理论、文学艺术史和其他相

关的文学艺术常识。使学生通过基础理论知识学习，能够了解文学、艺术中美的原则和各类审美范畴，让学生懂得美的存在形态以及人类审美活动的过程。审美活动使学生进入一个属于个人的审美世界，并能够从中获得巨大的审美愉悦和享受，不进行具体的审美活动，是无法获得美的。而课堂活动就是审美活动的一个途径，学生在课堂的实践活动中，思维最为活跃，能够不再面对教学活动中由于知识程度上的差异而产生的师生交流障碍。课堂活动能够有效地打破单一的、平面的、封闭的教学体制，它所涉及的是学生更为广泛的学习兴趣、情感体验以及观察能力、想象能力、创造能力和实践能力，这为审美教育开辟了广阔的前景。教育者应在教育的过程中，结合教育内容，培养学生的普适美的理念，树立学生科学的审美观，结合个人的性格特征，建立符合个人风格的个性美，在此基础上帮助学生增强自信，促进学生普适美与个性美的和谐统一，完善学生审美人格。

3. 注重教育形式的互动性和多样性，激发学生的人格自我建构意识

人是能动的、自主的，具有选择和自我教育的能力。人的自我意识在自身人格发展中发挥着组织者、推动者的作用，影响并塑造着人格品质结构的其他成分和这些成分的相互关系，制约着个人行为。任何外界的教育影响都必须通过受教育者内在积极性的发挥才能起作用。充分调动受教育者的自主意识，激发其在课程教学过程中的自我建构、自主建设的积极性，既是美育功能发挥的保障，更是受教育者主体人格发展的核心要素。传统的美育课程以知识传授为主要形式，然而枯燥、晦涩、抽象的讲解分析不应属于美学课程，美育不仅需要美学理论的指导，还与教育学、艺术理论及实践紧密联系，它是一门将理论与实践融合在一起，以感性形象的方式作用于人的情感世界的课程。美学课程不同于一般的单纯欣赏，它要揭示美的规律、介绍美学知识，并且要达到一定的深度，具有一定的理论性和系统性。美学课程也不同于一般的专业课程，它还要借助艺术作品的独特性来启迪学生、感染学生，使课堂不仅成为传播知识的场所，而且成为陶冶心灵的圣地。

高校的美育课程从形式上来讲要充分具备互动性和多样性，吸引学生的注意力、激发学生的学习兴趣。一方面，要注重教育过程的互动性。教育的过程本身就是一个师生双方思想和情感的交流过程，美育教师应该创造一种人格平等、关系融洽、情理交融、生动活泼的教育氛围，进而充分调动学生的积极性、主动性和创造性，致力于启发学生展开丰富的想象，激发其审美创造力，提高学生对教学内容的理解能力。教师在教学过程中应帮助学生把握审美对象，从感染、欣

赏、探索等诸方面引导学生认识具体作品的艺术魅力，并在教学过程中给予学生恰当的激励、赏识、理解和帮助，努力创设一种和谐、愉快、民主的情景氛围，多给学生提问、回答的机会，注重讨论式和启发式的灵活化课堂教学，注重师生间的交流互动。另一方面，在授课的手段上，结合文学、艺术课堂的授课内容，充分发挥多媒体、网络的灵活性、丰富性、实时性等特点，运用多媒体技术，将音频、视频、图片等综合到课堂中来，使教学中涉及的艺术作品直观、形象地呈现在学生面前，色美以感目、意美以感心，使学生仿佛置身于艺术殿堂，以此来激发学生的学习兴趣，发挥学生的联想力与想象力，把它和审美的感性特征结合起来。突破现有审美教育偏向理论和知识的局限，有效地把审美的理论教育与学生的审美体验、审美素质的培养有机地结合起来，充分调动学生的积极性，提高学生的审美兴趣，促进学生人格养成。

（二）特殊载体：教师的言传身教

特殊载体是指在美育的过程中对学生的人格形成、完善起到相对特殊影响作用的教育载体。教师的言传身教是指拥有健康人格的教师，以其真才实学、真情实感和真知灼见为学生所认可和赞同的思想、道德、意志等内在品质。对学生产生的一种具有同化和影响作用的巨大吸引力，是教师的才、情、智、气质、能力、品质、语言等各方面感染力的综合，是教师内在品质的外在表现。教师的言传身教对学生的人格培养起着至关重要的作用，是以美成人的学生人格养成的特殊载体。

教育是人与人心灵上最微妙的相互接触。只有人格才能影响到人格的发展和规定。大学生正处于世界观、人生观、价值观形成的关键时期，他们的身心发育具有复杂化、多向化的特点。教师作为他们学习与跟随的对象，其一言一行对学生都有着不可忽视的影响力，甚至成为他们模仿的样本。教师的世界观、品行、生活状况及他们对每一事物的态度，都这样或那样的影响着全体学生。可以说，教师的人格是一种影响学生的后天环境因素，对他们人格的发展起到一种长期的、潜移默化的作用。能力、志向、才干的培养问题，没有教师个性对学生个性的直接影响，是不可能实际解决的。即使在知识经济时代，教师依然是教育的第一要素，创造性思维要通过与教师高素质的交流获得，因此，承担着"传道、授业、解惑"使命的教师，绝不仅仅是知识的传授者，更应该责无旁贷地以自己的言传身教影响、指导学生，成为学生的人生导师。对教师来说，观念更新、知识丰富、技巧高超、方法熟练都无法取代他们具有审美价值取向的人格力量。

教育力源于受教育者的认同。因此，教师要不断加强自身修养，以精湛的专业素养、广博的学科背景以及人格魅力，对学生的心灵产生震撼的力量，激发学生对追求理想，及对真、善、美的向往。其身正，不令而行；其身不正，虽令不从。在当代，教育不能震撼学生的心灵，那么就没有资格走上讲台！从古至今，一个好的教育者总是以他的博学强识获得学生的尊重，以他的人格魅力赢得学生的追随。可见，教师的人格魅力是一种特殊的教育力量，在培养学生的思想品德、行为习惯、美学修养、人格素质等方面，教师的言传身教起着至关重要的作用。历史上许多杰出人物在功成名就后，都念念不忘他们求学时代的老师，甚至是孩童时代的启蒙老师，在他们成长过程中给予的指点和帮助，特别是对教师们高尚的人格所散发出来的无穷魅力无比崇敬。

因此，在教学实践中，要重视教师的重要作用，重视教师的人格力量的教育作用。

1. 良好的性格特征

性格是人格中的核心因素，表现在人对现实的态度和行为方式比较稳定的独特的心理特征的总和。性格类型是指在一类人身上所共有的性格特征的独特结合，一般从内倾—外倾和稳定—不稳定两个维度来进行划分。如主动、善交际、开朗等属于外倾性格，相反，孤僻、沉思等则属于内倾性格；镇静、可信赖等属于稳定情绪，而心情易变、焦虑、易激动等属于不稳定情绪。通常，不同性格类型的教师在教育过程中要注意结合自身的性格特点，例如外倾类型的教师宜采用说服教育法和实际锻炼法，内倾型的教师则更宜采用榜样示范法和情感陶冶法。总体上来说，作为教师，其职业的特点往往要求教师具备稳定的情绪，以及热爱学生、勤于学习、亲切待人、诚实公正等性格品质。教师要在政治思想、个人品德、价值观念、行为习惯等方面，为学生树立榜样，要知行统一，教师只有以身作则、为人师表，学生才会有法可效。在具体的教育实践中，教师要做到以下方面：有良好的政治素养，能够坚持正确的政治方向；能够在社会发展的关键时期在学生的培养中做到为学生导航的作用；能够具有较强的政治鉴别力和敏锐性；为人正直、正派，这样的教师具有正确的世界观、人生观和价值观，他们能够用自己的浩然正气来影响学生、感召学生。教师个人的示范对于大学生的心灵，是任何东西都不可能代替的。

2. 和谐融洽的师生关系和较强的协调能力

和谐融洽的师生关系在教学过程中发挥着特殊、奇妙的作用，它有利于教师对教育教学的开展，它像一根彩带拉近了师生心灵的距离，使学生学习动机由单纯的认知需要上升为情感需要，使教师工作动机由职业需要上升为职责需要。因而，教师要以爱为本、对学生多一点尊重和信任，爱心是和谐师生关系的基础，尊重和信任则是沟通师生情感的桥梁。教师还要发扬民主，注重学生个性，多一点欣赏学生的眼光。此外，建立良好、融洽、和谐的师生关系也需要教师具有较强的协调和管理能力。具备良好师生关系和较强的协调能力的教师，在教育教学活动中表现为愿意与学生多交往、多沟通，与人相处多表现出真诚、尊重和信任的积极态度，能够得到学生的尊重、认可和接纳，有利于帮助学生形成健康的人格。和谐融洽的师生关系能够使学生和教师之间交流信息、联络感情、互相激励，从而形成合力。因此，教师不仅需要成为传授知识及技能的"名师"，更要与学生成为朋友，加强学术及感情交流，在治学、交际、待人处事等方面影响及引导学生。学校的管理人员也要树立育人意识，加强服务意识，充分尊重教师、尊重学生，加强沟通和了解，全方位构建校园和谐的人际关系，使学生在人际交往中得以充分体验美、感受美，营造学校朝气蓬勃、奋发向上的良好氛围，促进大学生身心健康成长。

3. 良好的自我调控系统

自我调控系统是教师完美人格中不可缺少的部分，它表现在积极正确的自我认识和对他人的认识、良好情感及其调控能力和坚韧不拔的意志力三个方面。能够正确自我认识的教师，能恰当地评价接受自己和他人，能控制和掌握自己的命运。有同情心、有热情及其他良好情感的教师往往有良好的师生关系，他们在教育教学实践中，能够热情、真诚地对待学生，能够激发学生的创造精神；而具备良好的情绪调控能力的教师不仅能够及时、合理地排解自己的消极情绪，也能掌握和控制学生的情绪、情感，为成功的教育创造健康的环境；有坚韧不拔的意志力的教师能够在烦琐的工作面前不退缩，也能够理智地保持对学生耐心、和谐的态度，并为学生树立良好的意志品质榜样。

此外，良好的创新意识、实践能力以及不断学习的能力，也是教师以人格魅力为基础的言传身教功能发挥的保障。作为培养社会主义建设者和接班人的教师，应当具有创新意识，体现在教学实践中不断改革教学方法、主动研究学生特点、启发学生思维，创造性地完成教学任务。同时，作为人才培养者的教师，要勇于接受新观念、新知识，主动向他人甚至是学生学习，不断充实、提高自己，使自己具有广泛渊博的知识，用自身的学识来吸引学生。

从上述分析，我们不难看出教师的言传身教在教育教学过程和实践当中，对学生起到了一种特殊的潜在的影响，是学生既"无形"又"有形"的榜样。因此，教师的言传身教是大学生美育与人格素质教育的特殊的载体。

（三）复合式载体：其他学科的美学渗透

美育是一种渗透在所有教育之中的教育，那么所有课程都应把发现和传播本学科的审美价值纳入教学任务之中，充实新的内容，把美育与哲学、伦理学、美学、社会学、文化学、心理学、历史学、建筑学、工业设计、计算机技术等学科联系起来，结合各专业的特点，完善知识网络结构的系统性，把眼光从狭窄的知识层面移向更广阔的知识空间。在大学生中开展审美教育，是学校各个学科专业、各个教育环节共同的责任，也是在学科专业教育中创造美的教育境界的共同追求。高校美育要主动向学校教育各领域渗透，尤其要渗入学校教育的各类课程的教学之中。特别是对于理工科院校的学生，由于学科特点，这些学生在专业学习中主要以工程技术为研究对象，以抽象思维为主要研究内容。而审美活动以形象思维为特征，可以为想象力的发展提供广阔的空间。一般情况下，工科院校由于学校定位和资源条件的限制，学校的美育课程较少、校园文化活动的艺术氛围不足，因此，理工科的非美育学科的课堂教学审美化，是实施学校美育的一个重要的途径。

教师要善于发掘提炼教育教学中的审美因素，并艺术地向学生加以传递。无论是在哪个阶段、哪所学校、哪门课程，总有一些教师的课讲得特别好，听他们的课是一种美的享受。他们不仅让你感动于他们的讲课技巧，更让你迷恋他们所讲授的学科内容。听他们的课使你徜徉于学科的宫殿之内，游弋于知识的海洋之中，你只会有精神的愉悦而绝无身心的劳累。这一现象无可辩驳地说明，任何一门课程都有它自身的美，都有它独特的审美价值。比如理工科教师要演示黄金分割、比例、对称、轨迹曲线等科学美，使学生既感受到自然美又能实现创造美的体验；体育课通过健美操等增强学生形体美的意识；劳动技术学科也应渗透艺术美的内容。又比如德育课，德育与美育不仅在教育内容上有着一致性，而且在价值取向上更体现了二者的一致性，在素质教育实践中，道德理想与审美理想是统一的，都统一于真善美。道德理想的原则、规范与理想人格是美的社会内容。马克思主义认为，美与真、善是一个有机的统一体，是不可分割的，是人本质力量的体现。其他学科同样也饱含着丰富的美的因素，只要我们善于发掘、积极运用，都能潜移默化地给学生以美的熏陶，提高学生的审美素质。不论是哪个学科的教师，在教学过程中都能把学科的美学观点，即该学科的社会生产、生活中的价值阐述得清楚、生动，使之能激发学生美的情趣。如文学教学中情感丰富的艺术形象，政治历史教学中杰出人物的英雄业绩，都包含着大量的审美因素，应该充分发挥他们的美育影响，并将美育渗透其中。此外，在教学方法上也应增强审美效果。目前，一般学校的教材大多是实用性文体，如果采用艺术手段使教学内容形象化，老师在讲课中能够运用幽默风趣的语言，恰如其分地变换讲课的语调、语速、辅以生动形象的肢体语言、优美整洁的板书等，都能极大地唤起学生的审美情趣，激发学生的学习兴趣，拓展他们的思路，使学生在学习过程中领略美的愉悦，并且在美的领悟中不知不觉地进入科学文化的殿堂。

二、高校的美育课程运行机制

"机制"原本主要用于机械学，指"机器的构造和动作原理"，现广泛应用于社会科学领域，指组织中诸多因素之间的内在联系及其运行方式。高校的运行机制是高校系统运行的各构成要素相互联系、相互作用的手段、方式及其原理，也是保证学校内部主要工作目标有效运作的基本程序和手段。建立科学有效的管理机制是美育与大学生人格养成教育得以规范有序、富有成效开展的基础性工程。

（一）建设院校两级"齐抓共管"的大学生美育的领导机制

领导是指挥、带领、引导和鼓励部下为实现目标而努力的过程。领导机制是以美成人的美育工作运行的"龙头"，领导机制是否完善直接影响着教育工作的落实与否。传统的高校教学管理组织结构往往是金字塔形的结构，是一种垂直的直上直下的等级模式。"等级权力控制型"组织是以等级为基础、以权力为特征、对上级负责的垂直型的纵向线性系统，强调组织结构中位于结构顶端的管理者责任与权力，并且强调以"制度+控制"使人"更勤奋地工作"来达到管理目标。然而，等级权力控制的最终结果是使人们循规蹈矩，墨守成规，它不利于创新精神的培养，更不利于美育这一灵活性较强的教育活动的开展。而所谓"齐抓共管"就是指为加强和改进大学生美育工作而确立的一种组织领导及工作运转的机制，是使具体的教育工作落到实处的重要条件。因此，基于领导机制在美育工作运行过程中的重要作用，探讨建设院校两级"齐抓共管"的大学生美育的领导机制更显其特殊的重要性。

1. 明确院校两级齐抓共管的职责

一方面，在学校层面上要突出发挥领导的导向性和监督性。建立学校领导小组，集中学校的党、政、工、团的主要领导，无论是从思想上、组织上，还是从行政上、后勤上都能对学生的美育工作起到有力、坚强的后盾作用。在学校领导小组的领导、指导、管理和协调下，促进大学生美育工作的具体落实。另一方面，在学院层面上要突出发挥学院学生管理部门的具体性和针对性。结合学校的教育教学精神，将具体的学生管理、组织、引导工作落实到具有针对性的学生活动中，更好地搭建科学、合理的美学教育平台，促进学生的人格完善。

2. 确定院校两级齐抓共管的内容

对美育工作实行院校两级齐抓共管，那么具体"抓"什么、"管"什么主要包括四方面内容。第一，要做好艺术课堂教学落实。学校在思想层面上进行教育教学的课堂设计、安排和实施，建立深入浅出、吸引力强、趣味性浓厚的课堂教学，切实贯彻和落实艺术课堂教育教学；学院要做好学生课堂管理工作，保证学生的出勤率，落实课堂教学内容对学生的传输。第二，要做好校园文化共建。学校在物质文化建设层面进行科学的美学设计，在精神文化建设层面掌握和指引学生学习、活动的方向；学院在基础的层面上指导学生的具体学习、生活、活动内容和形式，引导学生营造美的学习、生活环境，建设美的寝室、美的教室、美的校园，进而营造美的校园文化氛围。第三，要推进教师人格美化。在学校层面，加强教师培训力度，为他们提供更多学习、领悟的机会，为教师的人格完善搭建更广阔的平台；在学院层面则要重点加大对所有教师的关注力度，在需要的时候提供必要的帮助和支持，保证教师能够以愉悦的心情、饱满的精神状态走上课堂，引领学生专心、快乐地学习。第四，加强网络平台监管。在学校层面，通过对校园网络的建设、美化引导学生喜爱美、追求美，同时也对学生的网络语言、活动等进行监管，及时发现和解决不美的、不和谐的言论和网络行为；在学院层面，从上至下加大网络道德、网络审美的宣传，宣传美、提倡美，鼓励学生领悟美、创造美、奖励美的网页设计、美的言论和网络行为，使学生在平等、广阔、尊重、审美的空间中树立自我形象，增强自尊自信，进而完善学生的人格。

（二）建设以"学科建设"为依托的大学生美育的动力机制

以美成人的美育发展动力机制，来自高校美育学科的建设和发展。科学理论指导伟大实践，美育实践在高校的发展也同样需要强大的理论指导。高校要充分认识美育理论对于大学生美育实践的重大指导作用，自觉加强美育学科建设，推动大学生审美教育工作的健康发展。

1. 高校要自觉加强美育学科建设

现代美育理论研究表明，美育是一门新兴的交叉边缘学科，它有赖于美学、教育学、心理学、文艺学、文艺美学、脑科学等多门学科的共同关注，才能架构起美育的学科理论体系。美育学科的特有属性，还强调理论与实践的结合。然而，现代美育理论的研究存在着上述两方面严重脱节的突出问题，即缺乏理论的具体性与经验的抽象性。高校汇集了各门各类的高级研究人员，是理论研究和知识创新的重要场所，同时又是实施美育实践的现场，具有建设美育学科得天独厚的条件。因此，高校要充分重视美育学科的建设，引导和组织相关学科科研人员联合攻关，系统研究美育学科的一般规律、本质特征、功能任务、方式方法等基本问题。同时，提供学科建设所需的经费、人员、场所、设备等必需的基本物质条件保障，支持并推动美育学科的建设与发展。以此来逐步建立起高水平的美育学科，使高校以美成人的美育实践工作在系统完备的理论指导下，获得无穷的发展动力。

2. 借助学校现有学科优势建设美育课程

在当前美育学科建设尚处于发展阶段过程中，高校美育实践不能等待和观望，要紧紧依赖并整合现有学科实力，开展美育实践活动。美育课程的建设必须面向未来，站在更高的层次上，从全新的角度认识和研究美育的基本问题。美育必须把人的精神解放与审美人生观的培养、审美力的培养、学生素质的全面发展，以及科学教育和人文精神结合起来，把以美成人的学生人格养成作为美育的最终归宿，作为美育发展的终极目标。因此，高校必须沿着素质教育的方向，借助学科研究优势，以全体学生为教育对象，以古今中外美学思想、文艺学思想、教育思想和现实教育实践为基础，以数字信息化传媒为手段，构建具有中国特色的、具有新的内涵的美育课程。要以学科建设为主体统筹学校的美育工作，有计划、有步骤地推进美育课程建设工作，把文艺理论、教育学等专业课程作为美育实施的重要手段和内容，完善美育课程建设，并辐射到其他学科领域，渗透到学校教育的方方面面。与此同时，要将小说、戏剧、诗歌、音乐、绘画等艺术的欣赏和创造作为美育理论课程的补充形式，通过具体而生动的审美实践活动，提高大学生的审美鉴赏能力和审美创造能力，实现情感的满足和升华。

（三）建设"全员、全程、全方位育人"的大学生美育的保障机制

以美成人的保障机制作为高校美育运行机制的一个子系统，主要是指为了实现高校以美成人的美育目标，由美育系统内部起保障作用的各要素之间，通过相互联系、相互作用、相互制约而构建起来的工作体制、管理规范和工作方式。由于美育涉及学校教育的各个方面，它应贯穿于学校教育的全过程，落实在教学、管理、后勤服务等各个环节上，各部门也应当充分发挥自身优势，主动、自觉地把美育渗透到各自的工作之中。美育绝不等于开设几门艺术课程，它应该融合于整个教育体系，贯穿于整个学校的全部教育之中，存在于诸学科的内容与形式的一切方面和一切环节。学校的所有教育环境都应当发挥自身优势，主动、自觉地把美育与大学生的人格培养渗透到各自的工作之中，融合于整个教育体系，建设"全员、全程、全方位育人"的大学生美育保障机制。

1. 创建大学生美育"全员育人"的教育体系

"全员"即包括学校领导、教师、管理人员和服务人员等各层面的全体人员在内的全员教育体系。首先，在领导层面要充分重视。在美育与人格素质教育过程中，领导者的决策决定了教育的实效，领导的重视为学校美育活动的具体实施提供了坚实的基础、有力的支持和多重的保障。领导要从发展大学生美育的角度，重视学生的全面发展，对学校的发展进行整体规划，提高校园文化的导向性，避免各种校园文化活动的盲目性，促进校园文化建设的整体推进。其次，在教师层面要不断提高美育课程的教学质量。通过丰富多彩的课堂教学活动，为学生创造感受美、欣赏美的环境和机会，让学生了解人类艺术发展的历史和优秀的艺术作品，掌握艺术基础知识和基本技能，具备艺术审美的基本能力，并在此基础上以艺术教育特有的方式，开发学生潜能，展示个性，培养创造精神和实践能力。再次，在管理、服务层面上着力塑造"美"的环境。采取有效的措施，提高管理、服务工作人员的美学修养，鼓励工作人员以优雅的环境、优美的语言、优秀的管理和优质的服务面向学生群体，身先示范，为学生营造"美"的环境、树立"美"的形象。学校管理人员要体现育人导向，把严格日常管理与引导大学生遵纪守法、养成良好习惯结合起来；后勤服务人员要努力做好后勤保障，使大学生在优质、贴心的服务中受到感染和教育。最后，在学生骨干层面上要加强学生的自我教育，营造良好的校园文化氛围。学生骨干是学生中的特殊群体，开展大学生美育和人格素质教育，学生骨干的作用不可忽视。因此，在教育实践活

动中注重对学生骨干群体的思想引导、理论指导和行为督导，充分肯定学生骨干的能力，发挥其表率作用，带动广大学生群体参与到人文素质培养、美学鉴赏能力提高和人格完善的活动中来。

2. 搭建大学生美育"全程引导"的教育平台

"全程"即符合大学生人格发展规律的美学修养的培养和提高的全过程。大学生人格养成的长期性决定了其审美修养教育的全程性，决定了它必须贯穿从学生入学到毕业的全过程。同时，在学生整个的高校学习生活期间，美育也不是一成不变的，它还具有阶段性的特点。因为，不同的人存在着能力、气质、性格、兴趣、动机和价值观等差异，这种差异既与各人的先天素质有关，也与其后天的经验和学习有关。这就决定了教育的具体实施要依据不同教育课题的实际状况和客观需求，根据不同年级、不同性别的学生在思想观念、心智成熟程度以及面临的现实问题等有的放矢地进行教育。因此，大学生美育要依据不同群体在不同阶段的特点，开展分阶段教育。

3. 构建大学生美育"全方位促进"的教育环境

"全方位"即全方位构建开展大学生美育与人格素质教育的软、硬环境。寓美育于智育之中，通过通识课、选修课以及讲座、报告等课程体系，指导学生如何鉴赏美、辨析美，使学生掌握美学的基本理论知识和基本技能；而后通过各类学生活动，在实践中引导学生、鼓励学生，为学生搭建创造美的平台；最后，关注校园的软环境和硬环境建设，着力加强校风、学风建设，使学校的历史传统、精神氛围、理想追求、人文气象等集中反映学校的优良传统和独特风格；使校园的各种建筑、教学科研、文化设施、生活设施以及校园里湖水、草地、花坛、道路等硬件工程合理布局，建构优雅、品位高尚，在学校构造全方位尚美、求美、制美的大环境。

（四）建设以"个性化评价体系"为依托的大学生美育的评估机制

美育从学科发展的角度，要具备相应的评估机制，但因美育学科的特殊性，其评价体系应具有个性化的特征。教育评价是一种获取和处理用以确定学生水平和教学有效性的方法，是简述教育终极目标的一种辅助手段，是确定学生按这些理想方式发展到何种程度的一种过程，是教育研究与实践的一种工具，是一种反馈—矫正系统。综合来讲，教育评价就是根据一定的教育目的和标准，采取科学的态度和方法，对教育工作中的活动、人员、管理和条件的状态与绩效，进行质和量的价值判断，以促进教育的改进与发展。而个性化评价就是允许学生用自己的方式完成所给予的任务而产生语言的一种评价方法。这类评价因其有与所学的课程直接相关并融入其中以及它对整个学习过程的跟踪评估的特点，特别适合对学生的学习策略、情感策略、文化意识等方面做出评价。美育的教育目标主要是要使每个学生的艺术能力和人格水平得到整合发展，是一个多元的结构体系。由于学生的情感态度与价值观、方法能力及行为习惯等具有个体性、程度差异性以及内隐于心的特点，每个学生的学习都是一个动态的充满灵气的个性活动，很难简单地用一种评价反映出评价对象的不同特点。因此，美育评价也应该呈现出个性色彩，突出艺术的特色性。

1. 确立差异性的评价标准

教学中，每个学生发展的速度与轨迹不同，发展的目标具有个体性，因此，评价也应是个性化的。教育评价要依据学生的不同背景和特点正确地判断每个学生的不同特点及发展能力，促进每个学生的发展。以往，我们的教学只注重学生的美育知识与技能的掌握，却忽视了对学生的审美意识的培养和人格的养成；只重视艺术能力强的学生的发展，却忽视了其他学生的发展；教学评价单一化造成艺术教学缺少内在的持久的动力。因此，我们应该根据学生的实际特点，建立学生个体的评价档案，尊重学生的个性发展和差异存在，强调过程取向和主体取向的评价。凡是具有教育价值的结果，如学生在课堂中取得的点滴成就，不论是否与预定目标相符合，都应当受到评价者的支持与肯定。主体性的评价不是靠外部力量的督促和控制，而是每一个主体对自己行为的"反省意识和能力"，与此同时，还要按照"分层施教"的原则，制订希望生转化计划和优等生培养计划，确定学期目标，制定措施严谨落实，使每一个学生都能在原有的基础上得到发展。

2. 制定综合性的评价内容

以美成人的高校美育是一个庞大的教育体系，因此，应当在全方位、多角度地调查、思考和研究的基础上制定综合性的评价内容，以促进高校美育顺利实施。这里从三个维度设计以美成人的高校美育工作评价内容，即美育的工作条件、工作过程以及工作效果。首先，是美育的工作条件维度，主要包含组织、经费、环境、基础设施等要素，这是高校美育工作是否顺利开展的必要保证。而在组织的层面上又具体涵盖了组织管理机构、工作队伍以及工作制度等内容。其次，是美育工作过程评价维度，主要包括日常教学、管理的审美化、艺术课堂教学、网络平台建设、学科美学渗透、校园文化环境建设、相关科研等要素。它是美育工作的活动轨迹，是美育工作的主体。最后，是美育工作效果的评价维度，这是对美育工作状况进行"诊断"的环节，是教育评价过程中的重中之重。其评价对象指向了学生群体，评价的具体内容不仅仅要考查学生的知识、技能，更应包括学生的情感与价值观、心理结构等人格方面的变化与发展。评价内容细化为基础性内容和发展性内容两个方面：基础性内容是评价教育的基本依据，主要包括艺术知识理论水平、艺术审美能力等；发展性内容是评价学生学业成绩的主要依据，侧重于对个体创新能力、价值观水平等人格水平的评价，关注学生综合素质的提升。通过制定综合性的评价内容，实现教师和管理人员的教学、管理积极性的提高，学生的学习兴趣和审美意趣的激发，最终达到学生健全、审美化人格的完善。

3. 形成多元化的评价方式

要建立多样化的评价方式来充分调动评价对象参与评价的积极性，促进学生的个性发展和潜能挖掘。首先，日常评价和阶段性评价相结合。日常评价是指教师对学生日常艺术鉴赏和艺术表现等诸多方面的信息收集和记录，而不是仅仅依靠期中、期末的阶段性测评结果决定教育效果。要在学习的整个过程中通过多种活动收集学生的学习进展情况，只有把日常评价和阶段性评价相互结合，才能更全面、更公正地对学生做出个性化的评价。其次，学校评价和学生自我评价相结合。传统的教学评价中，评价主体就是教师，整个课堂中的评价活动几乎限于教师对于学生的评价，学生是评价的被动接受者。个性化评价要求教师更多地成为评价活动的组织者、协调者，评价的主体呈多元性。教师、学生都参与到这一评价活动中来，使评价更全面、更有说服力和指导性。自我评价法是学生对自己的活动所做出的评价，有表演能力自我评价法、理解水平自我评价法和自我观察评价法三种形式。此类评价法能促进学生参与评价过程，且花费时间较少，能培养学生的自主学习能力，掌握有效的学习策略，增强学生学习动机。学生在自我观察的过程中进行自我反思，从中对自己的学习策略加以调整和改进，比起教师直接对其进行学习指导更加深刻，更好地培养了他们自主学习的习惯和能力。

第四章　高校美育教育中
学生审美素养的培养

第一节　高校学生审美能力的培养

一、审美想象能力的培养

审美想象力是一种自由把握和创造新形式的能力。想象是形象的，也是自由的，它可以思接千载、视通万里，不受现实的制约，不受时间和空间的限制，这种超出现实、跨越时空的审美想象，对激活人的创造潜力，有着不可低估的重要作用。审美活动从来就不是消极的接受，而是一种积极的创造，因为每一次审美欣赏都会使人产生各种各样的联想和想象，都会有意外的惊喜和新的发现。这种带有主观色彩的审美欣赏，表现为对作品形象的补充或再创造，每个人的经验、印象、修养和积累的知识不同，再创造的形式、手段与风格亦不尽相同，这就为发掘、补充和丰富作品的深刻内涵增色添香。因此，在审美教育过程中注重想象力的培养，具有特殊的意义。

（一）积累审美经验信息

在教学中，我们可以让接受审美教育者多参与艺术活动，在艺术活动中积累审美经验，从而促进想象力的提高。艺术是为了引起欣赏者的共鸣，有共鸣则有联想，有联想则有想象的翱翔，有想象的翱翔则能扩大境界。共鸣和联想需要"材料"。人脑储存的审美信息越多，人的记忆库中审美表象越多，人所积累的经验越多，人发挥出想象力的可能性就越大。这个道理也容易理解，如果大脑空空如也、一贫如洗，想象活动就缺少了基本原材料（当然，潜意识也是想象产生的某种材料）。大脑中记忆的表象越多，表象越具有不稳定性，其分解与重组的方式就多，产生新意象的机会也就越多。因此，积累丰富的各种艺术经验，多方面参与各种审美活动，以主动态度深入细致地关注生活、关注社会和关注自然，充分体味人生情趣，这些都对加强审美想象力有益。

同时，我们还须注意到，各种门类的艺术审美活动所提供的经验信息激发出的审美想象力又具有不同的形态特点。例如聆听音乐和观赏绘画，以及阅读文学作品，这三种艺术欣赏活动虽然都可以获得美的享受，但其想象活动却有区别。绘画由于用颜料、线条等描绘出有形之象，刺激人的视觉，促使其审美信息进入大脑，因此观赏绘画时，人的想象力同眼前的画作总有密切的关系，由此形成生动的联想而进入画中境界。中国宋代画家郭熙提出画中的山水景致要让人感觉到是"可望、可行、可游、可居之所"，这种原本"不可"之事，却由画面引发为可能之感，依靠的当然是观画者的想象力。

欣赏音乐时，对象已经不是视觉可以捕捉的有形之象，而是音响信息刺激，由于此时无"形"可把握，因而想象力更为活跃。音乐听众一般分为两类：一类听众有较丰富的音乐审美经验积累和对音乐技巧法则的理解。相应地，这类人在听乐曲时，想象力在纵深方向加强着对作品内涵的深刻品味，他们的想象丰富但不至于与乐曲游离过远。第二类人并不具备必要的审美音乐经验和训练，他们往往根据自己的直观感受做海阔天空般的想象，故而想象可谓无所拘束，甚至漫无边际，虽然也产生情绪上的快乐，深度却往往不够。

语言文字构成的文学作品，在欣赏时既无绘画那般直接感性的视觉形象，也无音乐那种直接感性的听觉感受。文学作品直接呈现的只是一系列的语言符号代码，读者须调动自己对语符的认识体会，调动相应的生活经验，再加上与语符相联系的情感体验，去展开想象。因此，欣赏文学作品时的想象活动有种"转化"机制，须将语符转化为具体的感性材料和感性经验。在想象过程中，语符并不消失，但同时注入了生动的与语符相应的感性材料，相伴共生为文学形象与人生经验。这构成了文学作品审美想象力的基本特征。

（二）激发审美情感体验

想象力创造性得以实现的深层动因，是人的情感活动。人如果没有进入某种特定的情感状态，那么现实的对象就难以满足他的需求。例如一支钢笔就是钢笔本身，一本诗集仅是诗集本身。但是，如果这支钢笔相伴你已有多年时间，你对它已经有了感情，从而称它为"朋友"；那本诗集经你阅读后，发现里面的诗歌特别能传达你的心声，于是你称这诗集为"知音"。严格地说，视笔为朋友，呼诗集为知音，这当中已发生了微妙的想象因素。究其原因，当你与笔、诗集产生了特殊感情时，就已经不满足于笔和诗集的客观实际存在，你觉得那笔和诗集的存在不足以承负你对它们的情感，于是你超越这实在对象而做出想象，即称它们为"朋友""知音"，不如此则难以了却那份情缘。有学者将想象中情感的这种动力作用称为"凝聚—转移—凝聚"的双重周期作用。事实上，生活经验也告诉我们，情感丰富的人通常想象力也丰富。通过审美教育激发培养感情进而培养想象力，是提高审美想象力的重要途径。

在审美教育过程中，想象力与情感培育实为"双向"培育。想象力与情感互相激励，情感的浓烈与丰富，本身会激发人的想象力，因而主体情感勃发之际，也就是主体对眼前实际存在感到失望之际。在审美活动中，这种失望与不满足使主体在精神上超越眼前的实在而进入想象境界。我国古代美学家早就揭示出这一奥秘。刘勰在《文心雕龙·神思》中，把情感和想象的关系概括为"神与物游"。艺术主体的思想情感始终伴随着想象，审美想象中有强烈的情感活动。当审美主体的情感在胸中激荡时，这种情感就像东风一样把想象的风帆鼓动起来，文思如泉涌，情感在艺术创作中就成了一个能量加油站。在审美想象中，当一种情感产生后，它可以以激情、冲动、心境等状态形成一种巨大的冲击力，带动众多记忆表象，使想象具有大量生活原材料而显得丰富活跃。当审美想象的内容复杂或者受阻而需要能量补充时，情感又能调动思维的、意志的动力来协作，以克服审美想象遇到的困难，从而使活动顺利进行。

此外，审美想象力的充分活跃，反过来又很容易激发人的情感。想象之所以成为审美创造的强大动力，还在于想象过程中能不断激发情感能量，保持和推进审美过程中需要的那种后续力量。这和审美教育活动中主体具有的反馈机制有关，审美想象所唤起的经验材料十分丰富，包括意识的和潜意识的，既有知觉记忆表象，更有情感体验表象。它们即使审美主体有身临其境的感受，又往往使主体产生新的情感体验，将它们作为动力不断增强创造力。

（三）训练理性类比能力

审美想象力虽然表面上直接呈现为感性情感能力，但要想通过审美教育增强这种能力，则不能不提到影响该能力的深层次的理性因素。所谓"深层次的理性因素"就是指人脑具有的理智的"通过类比进行思维"的能力。理性类比，可以视为某种逻辑能力。在类比想象过程中，心理所把握的是至少两个对象之间的某种相似模式，这种对"相似性"或"类似性"的高度敏感，是想象力的一个重要因素。当鲁迅在小说《故乡》中说"希望本无所谓有，无所谓无"时，接下来的句子是"这正如地上的路,其实地上本没有路,走的人多了,也便成了路"。一般来说,"路"与"希望"难有直观类似之处,但在艺术家想象力活跃之际,却创造性地于希望与路的"有"和"无"上面找到了类似性。这里显然有理性的抽象类比。这是提醒人们,想象力提高有一条理性的途径,并非只是感性一途。多学习科学知识,多在哲理层面上做理性思考,厘清事物之间的分类关系,同时又不拘泥于此分类而看出相互间的可类比性和类似性,则有益于审美想象力的提高。其实,艺术与审美活动中频频出现的比喻、隐喻、象征、移情等,莫不与类似性的联想相关。

在审美教育过程中重视理性类比能力培育的问题,无论在审美教育理论中还是在实践中常常被忽略。我们认为,审美想象力培育正是将审美活动中深层次的理性因素和直接呈现的感性因素融为一体的最典型的过程。事实上,在张扬理性启蒙基础上兴起的欧洲 18 世纪浪漫主义文艺思潮一直将理性精神和情感想象称为审美的内在驱动力。艺术的想象,驱使艺术创作主体去试图用美的理想去取代那不足的真实。歌德创作《浮士德》,我国古代诗人屈原创作《离骚》、陶渊明创作《桃花源记》式的"乌托邦"王国,都可以看作他们企求从深切的理性批判和浓烈想象中解脱生命的压抑感,实现美的追求的努力。

二、审美情感的培养

(一) 审美情感的产生

人的情感是一个内容异常丰富而又错综复杂的心理现象,是心灵中的不确定的模糊隐约的部分。由于对它难于做定量的把握,人们往往视之为玄奥神秘,尤其是在艺术审美这一宽广的领域里,更是高深莫测,难以言传。

当人类从原始动物界超拔出来而进入文明社会以后,人的情感就带上了社会文明的烙印而成为人们独具的自由的本质力量。正如马克思所指出的,"激情、热情是人强烈追求自己的对象的本质力"。从此,人的情感活动就不同于一般动物的情绪活动,它积淀着社会的、伦理的、文化的、艺术的内容。一方面,它是自然的、感性的;另一方面,它又是社会的、理性的,是自然性与社会性的统一,感性与理性的统一。

审美创作活动是一个"创造—作品—审美"的双向运动过程。情感在审美创作过程中,在物化的审美作品中,在审美接受过程中,有着不同的作用。在审美创作活动中，情感是审美创作主体创作的动力。审美创作主体在进入创作之前，广泛深入地体验着生活，在他们"印象的仓库"里积满了生活素材，但这时并不能直接转入创作。只有经过审美创作主体心灵对这些素材的汲取、选择、酝酿、提炼、升华并长久地放在心中玩味，建立起亲密的关系以后，才有可能在一次偶然的机会中，深深地触动灵魂，产生第一次灵感，形成强烈的创作欲望，从而变成审美创作主体心中的一股激情、一团火焰，使内心平静的湖面动荡不定，骚动不安，似大海波涛，汹涌澎湃。心灵的不平静终究要归于和谐，于是，审美创作主体进入了创作过程。在这里，若没有情感的波动，就不会有审美的创造。审美创作主体的创作过程，本质上是审美创作主体审美情感的物化过程。审美创作主体在进入创作实践后，仍要不断地进行情感体验，并将这种体验凝结在审美形象中，情感是作品的核心，是作品的生命，缺乏情感的作品是枯燥苍白的作品，犹如脱离了人体的手毫无血色。在审美作品中，情感的色调越是丰富，形象或意象就越是生动；情感的天地越是广阔，形象或意象就越是鲜明。

（二）审美情感形成的途径

审美情感的形成主要通过两个途径：一是日常情感的升华；二是审美经验中审美情感的积淀，但根本来源是日常情感的升华。日常情感的升华是指在日常生活中否定性情感和肯定性情感的积淀、升华。否定性情感是对日常生活中否定性生活产生的一种情感，经过时间的酝酿和对产生否定性情绪的困境的克服，这种否定性情感逐渐升华成为一种审美情感，积淀在人们的大脑中，就像一棵大树随着时间的流逝逐渐长大，逐渐成熟丰富，其审美性也在逐渐突出。在日常情感中的肯定性情绪，是伴随着人们的肯定性生活体验而产生的，其中一部分就是审美情感，另外一部分肯定性情感，其性质接近于审美情感，但不是纯粹的审美情感，它带有很多自然情绪在其中，一旦它积累在人们的大脑中，就逐渐纯化为一种纯粹的审美情感。审美体验中审美情感的积累，主要是指审美作品欣赏和创作中审美情感的积累。由于欣赏审美作品是二度体验，审美作品引发的基本上是一种肯定性的审美情感，这种审美情感经过二度体验，积累在人们的头脑中，成为下一次审美体验的基础。

自然美的欣赏是一种远离了人类欲望的高级审美活动，人们从对自然美的体验中所激发出的审美情感往往发自潜意识的深处。艺术作品的审美体验有两种类型：一种是共鸣性的体验；另一种是投射性的体验。共鸣性的体验，是由于作品所描述的生活和读者的生活有相同或相似之处，读者在欣赏艺术作品时形成的一种感情共鸣的情感体验。这种体验所产生的审美情感，读者和作者是类似的，这种体验能够真切认识作品的意义，可以比较完整、准确地理解作品的真谛。投射性的体验是由于作者所描写的生活和读者的生活有部分相关之处，读者在欣赏作品时，把自己的情感投射到艺术作品中去，从而形成一种不同于作者的新的情感体验。这两种类型的情感体验所产生的审美情感和日常情感的升华，是后天审美情感形成的主要方式。

三、审美鉴赏能力的培养

审美鉴赏力是一种重要的审美能力。与其他的审美能力相比，审美鉴赏力具有更强的积极主动性，并且渗入思维过程的理性因素也更明确一些。这表明对审美鉴赏力的培养也相应地更为细腻和复杂些。因而从本质上讲，对人的审美鉴赏力进行审美教育，就不单单是对某一项个别能力的审美教育，也是对人自身人格的审美教育，即当自身在鉴赏某对象或客体世界进入审美鉴赏活动或行为时，也实现着对自身人格境界的观照和审美。

（一）积累文化和艺术知识

有史以来，一些伟大的艺术鉴赏家和社会、文化活动家，无不具备渊博的文化、艺术知识。马克思、恩格斯对西方从古希腊神话、史诗、悲剧到其后两千年左右的艺术发展史十分熟悉，因此，他们能够对大量的艺术作品发表深刻的见解。鲁迅、郭沫若都学贯中西，他们对各种各样的艺术品的鉴赏，至今仍对我们产生着深刻的影响。

（二）丰富的审美实践活动

审美实践对鉴赏能力的培养无疑是十分重要的，但这种实践应该是全面的、丰富的、生动的，而不应该是单一的、静止的、没有生命的。因为美的鉴赏，就是人生的展开和生命的解放。审美实践活动的全面，正体现了"生命与美同在"这一真理。全面丰富的审美实践，包括了人生可以触及的一切可能的领域。杜威便提倡把美感经验普泛化到生活的日常经验方面。现在的审美教育似乎对此重视不够，大多数人认为除了艺术教育，审美教育就无法实施。其实，只要"寓教于乐""寓美于象""寓意于境"，就能对审美鉴赏力的提高有实质性的帮助。因此，突破狭隘的纯艺术经验的限域，全面、完善地培养审美鉴赏力，都可使人不仅懂得美，而且懂得生活，懂得怎样鉴赏生活和创造生活。

（三）品味优秀艺术作品

如果说丰富全面的审美实践是审美鉴赏力获得全面发展的"突破口"，那么能否很好地鉴赏优秀的艺术作品，则是衡量审美鉴赏力是否获得根本提高的最重要的尺度。因为艺术品是对自然美、现实美的集中表现，是审美创作主体审美意识、审美经验获得创造性反映的结晶。优秀的艺术作品凝聚了一个时代、一个民族审美经验的精华。所以鉴赏优秀的艺术作品可以把你对美和艺术的理解、认知、体验水平真实地反映出来。而对美和艺术不懂或懂得少的人，是无法鉴赏优秀的艺术作品的。现在，审美教育工作还未能做到科学、合理地深入学校教育之中。比如有的学校在针对不同年龄段的学生选择适合于他们阅读的艺术作品时，往往不能做到科学、合理。因此，教师必须加强对优秀艺术品的审美教育示范作用，加强对大学生的审美鉴赏力的化育，以使大学生的素质得到提升。

第二节　高校学生审美人格的培养

一、审美人格的内涵

（一）人格

1. 人格的定义

人格的词源是拉丁文的 Persona，其本义是指面具。将面具释义为人格，包含以下两层含义：一是指面具的虚假行为及状态；二是指面具下的未外露的个人特质。而在我国古代汉语词汇中并没有"人格"一词，只有"人性""品性""品行""品格"等词。因此，有学者认为，人格一词是由日文引介过来的，源于对英文"personality"的意译。也有学者认为，"人格"一词是"人"与"格"二字的合成词，是汉语词汇而并不是外来词汇，主要包含三层意思：一是人的综合性格、气质等特征；二是特指一个人的道德品质；三是一个人作为主体的权利和义务。

2. 人格的特征

除了从概念上认识人格，我们还可以从特征对其进行辨识，以全面把握人格的内涵与外延。人格的特征，可以从它与气质、性格与个性等语词的异与同上来分析。

（1）气质是人格的基础，是人格生物遗传特征的具体体现

气质是西方人格心理学研究的重要领域。从心理学的视角来看，气质是人的心理特征的外在表现，具体指的是一个人在认识、情感、语言、行动中所体现出来的心理活动的强度、速度、灵活性与指向性等。也就是说，一个人的情感体验是快，是慢，是强，是弱，是明显还是含蓄，是迟钝还是灵敏等。每个人的个体气质不同，这是先天决定的，是个体的神经系统活动的特征影响的。具体来说，气质就是在遗传生物基础上反映出的人格倾向和特点，在人格构成中属于情绪方面，在人格发展中具有基础性作用，体现了人格的生物性特征。需要指出的是，气质本身并没有优劣之分，对人的社会倾向性也没有决定性影响，在社会道德评价上不具有指向性。一个人的气质类型不会决定他将会成长为哪种人。气质和人格不一样，气质是人格发展的先天性基础，体现的是人格的生物学特点；而在人格的形成过程中，气质和体质仅仅属于先天禀赋，在人格构成中不起决定性作用，起决定性作用的是社会环境、文化教育，以及一个人具体的社会化过程。

（2）性格是人格社会性特征的表现，是人格的重要组成部分

《现代汉语词典》将"性格"一词解释为对人、对事的态度和行为方式上表现出来的心理特点，如英勇、刚强、粗暴、懦弱等，而对人格的解释为个体的道德品质以及人能作为权利、义务主体的资格。在现代心理学看来，性格指的是个体对现实的稳定反应和一贯的行为方式之中可以概括出的个体心理特点，属于人格特点里面和社会关系最密切的一部分，是个体道德品质的外在表现之一，也是个体世界观、人生观和价值观的外在表现。性格由后天社会环境塑造，是存在优劣之分的，它是个体道德风貌的具体表现，主要体现在个体对人、对事的态度和所采取的言行上。性格一词包含着社会道德评价的意味，是人格的核心部分，最能体现人格的社会性特征。

（3）个性是指人格的独特性一面，是具体呈现个体人格差异的组成部分

个性是指个体区别于他人的、相对稳定的、影响个体外显和内隐行为模式的心理特征的总和。个性更多的是着眼于人的独特性，并决定着个体在思想及行为上的差异性。而人格是个体心理行为模式的一个整体状态，是一种整合模式，强调个性与共性、确定性与可塑性的统一，不仅包括独特性的一面，更多的是从个体社会性的角度进行定义。两者不能完全等同，却相互交织，共同影响着个体的行为模式。

（二）审美人格

审美人格是美学意义上的人格，单纯从字面意义上很难阐述和理解，所以，在此我们将从中西哲学的角度去探讨审美人格的含义。

1. 追求美的人生境界

王国维用"境界"来说明艺术美的最高品格，也用"境界"来表述人的精神境界。他认为，有诗人境界与常人境界两种人生境界。"境界"开始成为人生修养的最高层次的一种表示。但将"境界"范畴用于人生修养层级描述，并产生广泛深远影响的则首推冯友兰先生。冯先生将人生修养程度划分为自然、功利、道德和天地四种境界。"境界"一词的内涵和外延都得到了极大的丰富。从文学领域进入日常生活领域，从对客体的认知转化为主体对生命活动真善美的一种体验状态。

人生境界是人在现实世界中对未来世界的自由创造，它也是审美人格的重要衍生物，是景与情、心与境的有机统一。审美人格境界的塑造是通达社会共有理想彼岸的桥梁，无论何人，一旦进入崭新的精神天地，不仅可以成为君子、贤人、圣人，社会也在个人境界的修炼完善中随之大同，"人"与"天"便由此达到一种完美无缺的和谐统一。同时，这种情境的有机统一表现在接受效果上又是有限与无限的统一。其中，有限的是景和物，无限的是情、思、想象和韵味。在这种无限的情思和想象中，生成的是包涵了无限韵味的意蕴，从而具有比日常生活中的普通型审美或感官型审美更有内涵、更耐人回味、更具审美价值的所在。孟子的万物皆备于我，宋明哲学的天地万物一体，朱光潜的主客统一等，这些都是从摆脱羁绊、人和天地万物同体等途径，获得人性的解放与自由。

2. 审美体验

对于审美体验，西方有人认为审美体验即"想象"，有人认为是"灵感"或"直觉"。席勒认为，古希腊人具有性格的完整性，是感性和理性的完美统一体，是具有审美人格的人，而近代人却被束缚在整体的一个孤零零的碎片上，而要恢复人的完整性就必须通过更高的艺术即审美体验来恢复人的天性的完整性。美国人本主义心理学家马斯洛（Maslow）以此为基础，开辟了一条新路径，并将其称为"高峰体验"。高峰体验这一概念是马斯洛概括和总结出来的，他认为这种体验有种种表现，有的时候是一瞬间而来的压倒一切的一种敬畏，或者是白驹过隙一样瞬间闪过的一种极度的幸福，也可能是一种令人痴迷的，犹如梦幻仙境般的极度快乐。这种体验往往令人有一种顿悟的感觉，让人们感觉自己看到了生命的真相和万事的本质。

高峰体验是具有审美人格的人可以实现的，是自我实现者的重要特征，这也是马斯洛执着于高峰体验研究的原因。此外，对于养成审美人格的人而言，高峰体验可以说是能够召唤人的感性生成的重要手段和途径，可以说是对自我实现的短暂的完成。在这一刻，人会经历欣喜和幸福。但这之后，我们还是不得不面临现实，人有着追求进步的天性，而我们最终要面对的就是我们自身，实实在在的"我"。一个人能够成为什么，必须成为什么，这是人不得不遵循的本性。高峰体验只是自我实现的短暂时刻，享受的是过程，而不是最后结果，我们要做的是不断进取和不断超越。

3. 美善统一

美与善的关系问题是美学的核心问题之一，从古至今，不论是中国哲学还是西方哲学，有关美与善关系的研究都非常丰富。哲学家苏格拉底（Socrates）是西方美学史上持美善统一说的首创者，他认为，凡是善的东西一定是美的，而恶的东西也必然是丑的。而以老庄为代表的先秦道家对美与善的研究也倾注了大量的心血。老庄从自然主义的美学立场出发，对自然美、艺术美、社会美和人格美进行了深入的阐释，在对美的追求中自然而然地渗透和体现着善的目的。陈望衡的《审美伦理学引论》结合中西哲学史和当代现实，着重论述以崇善为旨归的伦理与审美的历史亲缘性、活动方式及内涵的歧异性和统一性，大胆论证了"美学是未来的伦理学"，最后提出了"审美伦理学"这一学科建构的可能性。李咏吟的《审美与道德的本源》通过探讨审美的本源、道德的本源，揭示出审美与道德两者之间本源性的联系，提出"审美道德和谐论"的主张，为建立和谐自由的现代社会提供思想依据。虽然古今学者对于美与善的论述不同，但大多强调二者根源上的一致性。

综上，审美人格是实现美善统一的人格，也是美与善的良性实践互动的结果。这种良性互动具体说来就是在善良的行为中孕育美，在美好的体验中创造和培养善，体现为"以善育美、借美立善"。这种双向关系是随着人们的审美活动和艺术的产生而产生的。而人们的审美活动和艺术又是在人们饱览自然景观、历史文物、艺术欣赏、日常生活、生产劳动和社会交往的过程中形成和发展起来的。一般来说，"以善育美、借美立善"主要是通过家庭美育教化、社会美育教化和学校美育教化三个方面来实现的。也可以用具有强烈感染力的艺术形象来教育人，让他们深化对生活的认识，树立美好的理想，为他们的思想品质、道德面貌和思想感情注入优良的营养，促使他们健康地成长。这样不但能够帮助人们认识现实、认识历史，同时可以培养人们充分感受现实美和艺术美的能力，发展人们高尚的审美情感，进而培养人们的审美的比较与分析能力，激发他们对艺术的兴趣，养成他们爱美的情感，以鉴别真善美与假丑恶。美、善是审美人格必备的基本品质。真正的美是需要内涵的，其内涵即善。美是善的外观，善是美的根基、美的灵魂，二者相辅相成。审美人格作为人格的重要组成部分与最高形式，其特殊品质是形象反映主体，呈现美的境界，其内在核心就是尚"善"，表现"道德教化"。从根本上来说，审美人格是美善的集大成，其本质是人与自然的和谐、融合与统一。

二、大学生审美人格的培养

（一）大学生审美人格培养的原则

1. 愉悦性原则

审美教育是使人欢乐的一种教育。正如孔子所言，"知之者不如好之者，好之者不如乐之者"。人们在情绪高涨的时刻最易接受知识。审美教育的愉悦性原则，不仅能给人带来乐趣和益处，也给人以智慧上的启迪。毫无疑问地说，美不仅能给人以感官愉悦之体验，也可培养人们的生活情趣。审美愉悦的来源不仅取决于审美对象的优劣，也在于他人给予自己的赏识与肯定。因此，受教者能以一种喜悦之心情，参与审美，接受审美教育，自然是审美教育的最佳表现。审美人格教育的愉悦性强调教育过程中对受教育者的吸引力，使之保持浓厚的兴趣，这种趣味性就源自对个性差异的尊重。在审美教育过程中要根据教育的目的以及受教者的自身审美素质，以一种适宜的方式对审美进行教育，并将其生理愉悦转化为具有理性的高尚情操。审美教育的目的在于在教育的过程中给受教育的人以美的享受，让他们的心灵得到洗涤，思想上得到启发，弘扬人性中的真善美。

2. 形象性原则

审美人格的养成并非一蹴而就，而是循序渐进的一个过程，伴随着人的一生，需要长期培育而成。当然在这个培育过程中，审美人格教育的形象性能够促进审美人格在较短的时间内得到养成。审美人格教育不但应该是教育的重要内容，而且通过各种丰富多彩的形式贯穿于学校教育的全过程。在教育的全过程中，从学校布局到教育环境布置，从教育到教学，从管理到后勤，从课堂内外的教育活动到教育活动中的一举一动，无不存在着审美。蕴含审美设计的教育是为了实现教育目的、目标，以及更好地开展教育活动，促进学生包括人格发展在内的全面发展，是开发每一个学生多方面潜能的教育。它不仅追求学生在教育活动中知识技能的获得、体力智力的发展、审美情趣的提高，还要求受教育者形成健康的人格修养。因此，开展审美人格教育时，不能急于求成，而应坚持形象性原则。

3. 创造性原则

创造性是人的基本内容和重要特征，创造性也是审美人格应该具有的基本特征。对具有审美人格的人来说，人生就是在不断地开拓、创造和升华。因此，在进行审美人格教育时，教师要注重培养学生的创造性。

审美是一种个人化的行为。由于所处的环境以及接收的信息不同，导致人与人之间的审美出现很大差异。不同的审美个体所处环境背景不同，审美需求、审美价值和审美能力也不同，每个人对美的认知也各有不同，正所谓各美其美。因此，在开展审美人格教育时，应遵循此规律，坚持创造性原则。创造性原则是在审美人格教育过程中，根据受教育者的兴趣和身心发展程度，对审美教育方法和内容加以创新，让受教育者的审美人格得到自由的成长。很显然，教师要尊重受教育者的审美倾向，并加以适当的引导，这样才能帮助他们构建完整意义上的人格。不管是从教育学的角度来看，还是从教育教学的视角观察，创造性原则自有其优势。具体而言，在教育学上，创造性原则具体的体现是受教育者的主体地位得以突出，并且，教师要了解和尊重个体身心发展的差异，为他们提供必要的成长空间。对审美人格的教育教学，教师必须根据受教育者的自身秉性和他们的实际身心发展阶段，实行有区别的、有针对性的教育，使得学生按照不同的发展路径，以求取得教学效果的最佳化。概括地说，创造性原则具体地反映了教育教学中对受教育者身心发展规律的重视，这和大学生人格发展的规律是一致的。

4. 生动性原则

生动性原则是指在审美人格教育过程中，依从受教育者的认识规律，由浅入深、循序渐进，由低到高逐渐展开。一般而言，人们认知事物的过程首先是从感性开始然后上升到理性，是一个由表及里的过程，学习也是一样。因此，审美人格教育的生动性原则就是按照由近及远、由简到繁的认识规律来组织教学的。每个人在人生的不同阶段和受教育阶段都是受其自身的环境影响，如他们的心理、思想以及行为，都要经历一个逐步成熟的发展过程；在此过程中，他们的审美观会呈现各种差异。相对来说，审美观有低级和高级之分，低级的审美观自然是为现代文明所摒弃的。因此，在审美人格教育过程中，教师需要对受教育者的各种美的要素的欣赏能力予以培育，当其形成一定的审美观时，再发展为审美想象与艺术创造能力，最后大致塑造一种高尚完整的审美人格形态。此外，生动性原则也可以在反复的审美教育过程中得到体现。重复往往是深化感知的过程，优秀的艺术品吸引人反复欣赏，美好的歌曲经久流传，优美的景色令人流连忘返，经典的文学作品流芳百世，每一次欣赏又都会带来新的认知和感受，达到进一步的发展和进步。因此，在审美人格教育过程中，教学需要切实落实生动性原则，通过生动的审美教育、不断深化的感觉过程，不断完善审美人格的塑造。

（二）大学生审美人格塑造的影响因素

1. 人格基础

人格的发展并不是一蹴而就的，而是循序渐进的。人格的形成与发展有必然的联系，在人格形成的初期阶段与后续发展孕育的过程是互相交叉重叠的。而审美人格作为人格发展的最高阶段，必然会受到前一阶段人格发展水平的影响。审美人格的发展是一个渐进的过程，是建立在前一阶段人格发展的基础之上的。人的生长像时间一样流动，而不是一成不变的静物；人的成长像四季一样变化不断，而不是固定不变的固态体；人的发展好似潜藏能量的星光，而不是一串数字的组成。简而言之，审美人格不仅仅是人格的一种状态，更是人格养成的一个过程。人格审美化的过程是不断改进的过程，是从成长到成熟的过程，所以，前一阶段的基础必然会对后一阶段产生影响，这一点对大学生审美人格的塑造具有一定的指导意义。

2. 学校教育

教育是建构审美人格的中坚力量，教育能够影响个体的认知态度、思维方法、情感体验、行为模式等，因此，后天教育是建构审美人格的关键力量。正如奥地利心理学家阿德勒（Adler）所说："学校是每个儿童在其精神发展过程中所必然要经历的一个场景。因此，它必须能够满足健康的精神成长的要求。只有当学校与健康的精神发展的必要性保持和谐，我们才说这是一个好的学校。只有这样的学校才能被认作是社会生活所必不可少的学校。"我们的教育、我们的学校也应该努力追求阿德勒口中的"好的学校"，为学生审美人格的建构贡献力量。

从积极方面看，教育让个体拥有了知识。英国哲学家培根（Baconic）曾经提出过"知识就是力量"的著名论断。个体拥有知识就能够认识客观规律，也就拥有了掌握自身命运的能力。若进一步剖析，首先，教育具有激发功能。如果一个人对审美人格无定义，那么他很有可能没有审美人格的独特素质。审美人格的特征之一是要具有创造性，教育正是激发学生的创造力的重要力量。其次，教育具有导向功能。尤其是高校自由宽松的学习形式有助于培养学生的自我学习能力，有助于学生自由个性的形成，为审美人格的养成奠定基础。最后，教育还具有调节功能，主要表现在约束与调适两个方面。高校良好的校风学风对学生的行为有一定的约束和规范作用，有利于他们身心和谐，从而引导学生形成美的思想和行为。高校的集体生活也能够引导学生建立和谐、健康的人际关系，敢于面对生活中的矛盾与挫折，增强与他人进行沟通交流的能力，使个体呈现出自信、和谐、超越的特质，达到审美人格的状态。但是，并不是所有的教育或所有的个体在教育中都能够进行审美人格的建构。而在现实中，高校对大学生的审美人格教育还存在一些不足，这就影响到大学生对审美人格的培养。

3. 社会环境

人是环境的产物，因此，审美人格的形成当然离不开后天环境的影响。生活在相同的环境中，有的人会很好地适应新环境，而有的人表现出来的审美感受则完全不一样。举例来说，同样的几个孩子听相同的一个故事，思维灵活的孩子能够从故事中得到更多的感受与启发；反之，敏感神经质的孩子则会表现出另一种完全不同的理解。在相同的生活环境中，每一个孩子对事物的感受与理解都是不同的，性格活泼外向的孩子更容易接受新的环境条件，也能够很快与周围的人建立联系。每个人的审美人格都是从生活的环境中形成的，在客观环境中表现出主观心理，这种主观意识就是发展审美人格重要的前提。即使同龄的孩子在相同的环境中成长，但他们对环境的理解感受也是截然不同的，反应也有所差异。

（三）大学生审美人格培养要点

结合大学生审美人格培养的原则与影响因素，大学生审美人格培养可以从以下两点着手。

1. 把外部灌输和激发人的自觉性结合起来

从社会学的角度来看，外部灌输就是社会教化的过程，人的自觉性过程是个体内化的过程。只有外部灌输，而不注重于个体内化，审美人格培养就不能达到目的。我国传统教育十分重视从小培养人的自觉性，并主张通过"修养"建立自觉意识，这是值得我们今天借鉴的有效方法。当前，"以人为本""以学生为中心"等观念，有利于调动学生人格发展的积极性，为高校的审美教育创造了条件。

2. 采取启发诱导式审美教育方法

人格的形成应当是自然的过程。美育者应当以诱导为主，逐渐引导受教育者建立健康人格。通过启发式美育方法，激发受教育者的探索热情和思考习惯，并在受教育者思考人生和社会问题达到"愤"和"悱"的临界状态下，教育者适时"启"之"发"之，就能使受教育者如"醍醐灌顶"、幡然醒悟。在高校审美教育中，教师往往作为标准和社会的化身而存在，教师的一言一行都在默默地感染着学生。无形化育的效果往往大于有形教育，正如春雨的滋润往往比暴雨的冲刷更有益于万物的生长一样。

第三节　高校学生审美心理的培养

一、大学生审美心理结构

审美心理结构是指审美主体内部反映客观事物的审美特性及其相互联系的心理活动结构。它是人的生命结构的组成部分，同认识结构、伦理结构交织成人的总体心理结构或文化心理结构，并沉淀、凝结、交融于总体心理结构、文化心理结构之中，成为沟通、联结审美主客体，构成特定审美关系的中介、桥梁或中间环节。

首先，审美心理结构是多因素、多维度复合而成的网状结构。它由审美的认识结构、情感结构、意志结构整合而成，其中既包括审美感知、审美情感、审美意志这三种相互联系、相互作用、相互渗透的审美心理内容或意识内容，构成了人的具有特定社会内容的审美意识，如审美观念、审美趣味、审美理想等，又包括审美直觉活动、想象活动、理解活动、情感活动、意志活动，以及审美潜意识、下意识活动等基本的审美心理形式，这些基本心理形式因素之间既有递进、转换关系，又有相互交叉、叠合和相互积淀交融的关系。同时，这些心理内容、心理形式既是审美心理活动的方式，又以各自相应的生理结构系统为其生理机制，伴随着各种感官系统、神经系统、大脑皮层系统以及呼吸、血液、运动、消化、内分泌等系统的综合运动，并在生理反应中获得表征，形成了审美的生理-心理运动系统。此外，审美心理活动既是对客体审美特性的反射、反应，又有自控、自调的内部调节机制，发挥着感知对象、定向选择、情感转移、想象创造和调节生理运动、外部行为的功能，使人既成为审美的接受主体，又成为创造主体。所以，审美心理结构是一种生理机制与心理机能、心理内容与心理形式、接受机制与创造功能等要素相互交织、相互作用、有机统一的多维的复合网络。

其次，审美心理结构是诸心理要素多层次组合而成的整体性结构系统。它包含着意识与潜意识、直觉与思维、理智与情感等表层的和深层的心理内容、心理形式。在审美心理形式中，既有直觉层次，又有想象、理解、情感、意志和潜意识的层次，而在这些层次中又有若干具体、细微的层次。例如审美直觉中有审美感觉、知觉、表象、错觉、幻觉等层次，审美思维中有分析、综合、判断联想、想象、理解、推理、意会等层次，审美情感中有心境、热情、激情、激应等层次。在审美心理内容、意识内容中，审美的知、意、情是种有序的多层次结构，而在知、意、情内容中，既有个体的、个性的与群体的、全人类的，现实的与历史的不同层次，又有政治的、经济的、伦理的、文化的等不同层次，从而构成审美意识内容的层次序列。同时，在审美心理形式、心理内容的各种不同层次之间，以及审美心理形式诸层次与心理内容诸层次之间，又相互渗透、相互生成、相互推进和相互转化，从而使审美心理结构成为诸要素有序组合的多层次的综合结构。

最后，审美心理结构是动态的动力结构。一方面，无论是个体的还是群体的、全人类的审美心理结构都是处于历史的发展之中，都随着特定社会历史条件和特定机遇、环境、对象，以及自身实践的变化、发展而恒新恒异，都是既有相对稳定性，又有历史发展性，并处于不断完善化的过程之中；另一方面，每个个体在面对某个特定审美对象时，他的审美心理活动过程也经历了由审美直觉到思维，由接收到创造的过程，在这复杂的运动过程中，审美心理结构便随之得以改组和重构。一定的审美心理形成之后，在审美过程中，各形式、各要素、各层次相互作用，形成多阶段、多起伏、多节奏的活动状态，既有审美感受的初始，又有审美高潮的到来，还有审美延留的余波；既有喜怒哀乐的情感活动，又有想象联想的创造补充，还有理解领悟的价值判断；既有张弛疾徐的心理节奏，又有由浅入深的领悟理解，还有起伏多变的心理流向。从审美实践来看，人们面对美的对象，如一幅画、一首乐曲、一部电影或一部小说，总是由审美的动机需要导向积极的审美主义。审美主义的发生，实际上便中断了日常的生活心理，从而引发审美感知、审美想象，灌注审美情感，做出审美的理解判断，最终获得精神的愉悦和情感的满足，并因此而强化和丰富、完善着一定的审美心理结构，不同的个体也会因之而形成习惯性审美心理或审美心理定式，并对特有的审美对象有特殊的敏感感受和直觉把握。例如长期的音乐艺术实践形成特有的音乐爱好和鉴赏力，"操千曲而后晓声"的结果，使人对音乐的审美心理情有独钟，且想象活跃，感受和理解似乎天成。其他的艺术实践或审美实践也会如此。我们可以认为，在审美心理的动态结构中，主要的动力性因素是情感，主要的动态展开形式是想象。所以，审美心理结构不是固定不变的常数，而是变动不居的函数。

　　因此，审美心理结构是种多因素、多维度、多层次整合的动力结构系统。正是通过这种心理结构的中介，才使对象的诸要素、诸维度、诸层次相整合，以整体性系统结构的方式作用于人的大脑，成为人的审美对象；也正是通过这种心理结构的中介，才使人有可能全面地、发展地、创造性地把握对象、改造对象，从而成为审美、创造美的人。

二、大学生审美心理特征

　　当代大学生正处在青年时期，青年是人生的一个特殊阶段，具有生理、心理上的独特性。而大学生在社会生活中又有着特殊的地位，他们进入知识的较高层次，思维能力强，道德观念日见明确，志趣性格逐渐形成，自我意识日益强化，审美观也日趋稳定，这就使他们的审美意识显示出许多特征。南宋词人辛弃疾曾写过一首《丑奴儿》，词中写道："少年不识愁滋味，爱上层楼。爱上层楼，为赋新词强说愁。而今识尽愁滋味，欲说还休。欲说还休，却道天凉好个秋。"词中道出了一个人的青年时代与中年时代不同的审美感受。大学生审美心理特征主要表现在以下三个方面。

（一）敏感性

　　大学生思维活跃、敏捷，充满青春活力和激情，对新鲜、美好的事物充满渴望，这使他们极容易被美的事物所吸引、所感动，其审美心理有很强的敏感性。这种敏感性是由认识能力的加强、文化修养的提高和自我意识的增强决定的。

　　大学生正处在脑细胞建立联系的时期。经过教育训练，特别是专业课学习，皮层细胞活动的数量迅速增加，大脑皮层的发育在一定程度上呈现出"飞跃"的状态。具体表现为视觉、听觉的高度敏感，这就使得他们能从普遍存在的、司空见惯的事物中很快捕捉到美的对象。而内分泌的生长，又会使大学生的兴奋情绪增强，他们对来自外界的感官刺激，常常会做出迅速的反应。在他们的眼里，任何平常的自然景色都充满着生机，使他们心旷神怡，产生美感。大地从冬眠中苏醒，江河解冻，河水流动，草木凋零，候鸟迁徙，秋雨连绵，这些景象都会引发他们对美好生活的遐想。一段优美的旋律、一行充满哲理的诗句、一朵墙角的小花，都会引起他们的感知注意，甚至激起久久不能平息的审美愉悦。由于认识能力的提高，他们往往愿意透过客观事物的外在形式而领悟它们内含的生命意义，这种探索进一步增强了他们审美的敏感性。

大学生都有较高的文化艺术修养。他们的审美视野开阔，在古今中外的优秀文化艺术作品中吸收了较多的审美经验，培养了比一般青年更多的艺术感觉，因此，他们的艺术感觉比较灵敏，审美理解也比较深刻。在审美过程中，他们往往能从客观世界中发现被其他人所忽略的对象，或在对象中发现不易被人注意的某些美的特征。一片黄叶翩然落地，一些人也许根本引不起注意，但是对读过泰戈尔的诗句"生如夏花之烂漫，死如秋叶之静美"的大学生来说，那一片黄叶是一个生命体，他们可以从秋叶的飘落联想到人生的意义。

随着文化修养的提高，大学生的自我意识日益增强。兴趣、能力、性格情感、意志道德和行为都在自我意识觉醒的基础上趋向成熟。大学生要不断地了解自己，不断地进行自我评价和自我教育。像"我是谁？我从哪里来？我到哪里去？"这样的问题，只有自我意识特别强烈的个体才会提出来。大学生时刻带着这些问题，并将它们放置到每一个客观事物中去观照，于是他们要在所有美的对象中观照自身。面对美的对象，他们总是将自己丰富的情感和意识渗透其中，去探询人生的秘密。所以，他们的审美感受要清晰得多、敏感得多。

（二）浪漫性

大学生审美心理的浪漫性是由文化素养的提高、青年时期对未来的憧憬与富于想象决定的。文化修养的提高培养了大学生的浪漫情怀。

文化修养对审美活动的影响是显而易见的。在审美活动中，审美主体随时随地都在调动着自己头脑中早已储存的审美经验，通过情绪记忆的信息系统，传递给审美对象，从而挖掘出审美对象本身的美的本质。头脑中储存审美经验的多少，决定着审美感受的强弱。《列子·汤问》里记载，伯牙善鼓琴，钟子期善听琴。当伯牙鼓琴，志在高山时，钟子期说："善哉，峨峨兮若泰山！"伯牙志在流水，钟子期又说："善哉，洋洋兮若江河！"钟子期正是调动了他储存在脑海里关于音乐的审美经验，并通过情绪传递给伯牙，从而通过想象创造出了"峨峨兮若泰山""洋洋兮若江河"这样的新形象。如果没有音乐审美经验，他是听不出这样美好的韵味的。

大学生正处在学习阶段，高校有藏书丰富的图书馆，有得天独厚的美育设施，有丰富多彩的业余生活和各种艺术活动。他们通过这些活动满足了对美的探索和对美的创造的渴望，也开拓了崇高的精神境界，丰富了审美经验。同时，大量的阅读，也使他们有了许多音乐、绘画、文学、舞蹈、戏剧等方面的知识，他们在大脑中储存了许多前人的审美经验。当接触到审美对象时，他们会自然地调动这些经验，加上丰富的想象，从而创造出许多浪漫的新形象。

青年时期对未来的憧憬，也使大学生的审美意识充满浪漫性。大学生正处在走向人生的准备阶段。因为他们的人生还是一个未知数，所以，他们在心里对未来画出过无数幅美好的蓝图。他们追求纯洁的爱情、忠贞的友谊、崇高的事业、无悔的人生，于是他们能在一切进入他们视线的事物中找到这种追求的参照物。读《红楼梦》，他们会唏嘘泪下，因为他们会被宝黛的纯洁爱情所感动，潜意识中他们希望自己能够得到如此高雅的爱情；观壶口瀑布，他们会激动万分，因为在瀑布咆哮而下的急流中他们想到了人生力量的喷发过程；站在长城的烽火台，他们能思绪万千，感到人生的短暂和责任的重大，会产生大千世界"舍我其谁"的雄心。这种对未来美好生活的热切追求与向往，必然使他们充满幻想与想象。

大学生正处在人生"多梦"的年龄，最富于想象。想象是一种自由和自主的心理活动。通过想象，主体可以按照自己的意愿主动地、自由地建构对象，创造形象。由于生活的挫折，成年人会把许多不可能实现的梦想主动地放弃。他们并不是不知道怎样更美好，而是感觉既然不能实现，就不如不想，久而久之拥有这种梦想的能力减退了。他们更多的精力被"现实生活"所牵扯，但青年人却不这样，较高的文化素养，历史感的形成，审美能力的发展，加上较多的自由支配的时间，使他们的审美活动已不再单纯地满足于现实中的审美对象，他们开始转向对艺术的强烈渴望。这种审美意识艺术化的倾向，使他们的审美活动开放而浪漫。

（三）强烈性

大学生审美感受的强烈性，是由青年时期的心理、生理特点决定的。青年人对外界刺激特别敏感，所以能迅速做出情绪反应，但是由于青年人自我调节能力和自我控制能力相对较差，他们往往会表现出大喜大悲的强烈情感。心理学家认为，外界刺激是一种能使人的感官引起活动的力量，而新的刺激所引起的感官反应必然强烈。大学生正处于生命发展变化最快的时期。作为一个刚刚迈入社会的新人，他们开始接触社会、环境、人际、爱情等方面的问题，这些在人生道路上的新问题会引起他们强烈的情感反应。一个小小的成功，会使他们陷入全身发抖的狂欢之中，一个小小的打击会使他们痛不欲生。他们一时会感到自己是天之骄子而昂首挺胸，一时又会为自己的一次失败而捶胸顿足。这种情感表达的强烈性是青年心理的突出特征。

大学生正处于人生精力最旺盛的时期。他们的各种感觉器官的感觉能力都超过了成人的水平，知觉和认识能力得到了高度发展。由于精力旺盛，活动能力增强，活动范围扩大，他们产生了强烈的探索世界奥秘的好奇心。凡是新鲜的、奇特的、活动变化的事物，都会引起他们的兴趣。"平凡"是他们这一时期最不能接受的。他们喜欢造型、色彩奇特的美术品，爱听旋律激烈的音乐，爱读惊心动魄的小说，爱看惊险刺激的电影。惊心动魄的场面、千钧一发的时刻，往往能扣动大学生的心弦，使他们大脑皮层一直处于兴奋的状态。

三、大学生审美心理的培养路径

（一）提高教育者的审美心理培育能力

高校教育者审美心理培育能力的高低对大学生审美心理发展的影响最直接、最有效。素质过硬的教育者能够促进大学生审美心理朝着健康的方向发展，同时可以为大学生指点迷津，使他们少走弯路。故提高教育者的审美心理培育能力，健全考核机制对大学生审美心理培育至关重要。

1. 加强教育者的审美心理培育能力的培训

高校教师是高校开展各项教育活动的重要组成部分，是教育教学的主体，也是主要的实施者，教师自身的审美素养和审美心理培育能力的高低直接关系到大学生审美心理培育的成效。因此，加强对教育者的审美心理培育能力的培训十分关键，只有能力强、水平高的教师才能做学生心灵上的引路人。教育者的审美心理培育能力直接影响大学生审美心理培育工作的实施。如果教育者本身审美心理知识匮乏、审美意识淡薄、审美能力不高，那么他们又如何能做到发掘美、传播美？所以对教育者审美心理培育能力的培训显得尤为重要。加强对教育者审美培育能力的培训，促进教师审美心理知识的积累，提升理论水平，强化审美意识，重视对大学生审美心理的培育才能更好地实施审美心理培育工作，才能使得审美心理培育的教育者以审美的态度传授于学生审美的技能，从而进一步推动大学生审美心理的养成和发展。

2. 健全教育者审美心理培育能力的考核机制

没有健全的考核机制，学校便无法对教师审美心理培育能力进行考核评估和监督，这在某种程度上大大影响了审美心理培育的教育者的积极性；没有健全的考核机制，评价没有依据，容易造成无法详细了解教育者培育能力，教师对大学生审美心理培育的重视程度不会很高，在施教的过程中易出现走形式、马马虎虎的情况，严重影响着施教过程中对大学生审美心理培育的成效。因此，高校应建立健全对教育者审美心理培育能力的考核机制，加强对教师的考核，教师也要不断地进行自我学习和自我提高审美心理培育的理论水平和施教能力。这就需要对教育者审美心理培育能力的考核进行严格把关，确保各个环节上的严谨、科学，从而有效地提高审美心理培育教育者的施教能力。

（二）督促受教育者审美心理的自我培育

审美心理培育的教育者可以起到承上启下的衔接作用，但是这些还远远不够。大学生作为审美心理培育的受教育者的自我培育也是十分关键的。由于受教育者对自身审美心理成长的忽视产生的问题尤为突出，因此，督促受教育者审美心理的自我培育，提升自身审美境界和审美素质，对提高大学生审美心理培育有很大的帮助。

1. 提升自身精神境界

高校教育的目的要求大学生不仅要具备应有的专业技能，还要具有健全的人格。大学生审美心理培育的出发点就是要塑造大学生健全的人格，使学生获得全面和谐的发展。大学生应该做一个有理想、有信念、有一定精神境界的人，并能够通过自身的不断学习，提升自己的审美境界。高校阶段正是大学生精神成长的关键时期，时代赋予他们艰巨的任务，要求他们要学会生存，不怕困难，敢于拼搏，顺应时代的发展要求。在成长的路上面对迷茫和困惑，面对善恶美丑的抉择时，一定高度的精神境界能够增强大学生面对选择时保持清醒的头脑而不迷茫，为其指明前进的方向。

我国有着五千多年的文明历史，从古至今延续了很多宝贵的精神财富。大学生应该继承和发扬中华民族的传统美德和优秀历史文化，学习传统文化可以提升自身内涵和精神境界。大学生学习传统古典文学可以说是一个比较好的选择。传统古典文学和美育的关系密切，大学生通过了解古典文学作品，获得的不仅是知识，也可以是一种美的享受；同时，还可以提高审美情趣，接触到另一种精神境界，自觉地感受和体验其中的人格精神，这对自身形成高尚的审美素养有很大的促进作用。学习一些仁人志士的爱国主义精神，可以增强大学生的审美共鸣，有助于他们完善自我，激发百折不挠、不怕吃苦的精神，并用较高的精神境界去审视自身与他人、社会、自然关系中的美，从而建构完整的审美心理。

2. 提升自身思想道德素质

当代大学生正处在思想和身体成长过渡的特殊时期，心智成长还不够成熟，思想特别活跃还不够稳定，极易受到外界因素的影响。处于如此特殊的时期往往难以把握审美尺度，所以，大学生提升自身的思想道德素质、把握审美尺度就显得尤为重要。在审美过程中，自身的思想道德素质出现了偏差，审美心理就容易产生扭曲和倾斜。大学生审美心理的培养必须以真善美的和谐统一为尺度。要想达到这一标准，大学生就要具备崇高的思想道德素质，要做到知行统一，严于律己，勿以善小而不为，勿以恶小而为之，用自己的亲身行动去感受美，传播美。思想道德素质包含世界观、人生观、价值观、道德观等很多内容，这就要求大学生要从多方面锻炼自己，提高自己。

大学生应该意识到高尚的思想道德素质也是一种美，每一个人都是美的缔造者和传播者，审美不单单局限在冲击视觉的外在美，还有源于内心的内在美。事实上，思想道德品质可以映照出一个人的审美境界和审美能力，因为在审美过程中的审美心理作用下，对美丑的辨别也要基于本身道德标准去判定。大学生要想牢牢把握住正确的审美尺度就要争做有理想、有道德、有高尚情操的人，并自觉提高自身的内在，处理好身边的人、物、事的关系，积极参与到审美活动中去，积极发现美和传播美。

3. 提升自身人文素养

大学生审美心理是指以大学生为审美主体，在审美实践中，面对审美客体即审美对象，通过审美主体的感知、想象、理解、情感等要素的相互作用，在审美体验中获得美的过程。所以，作为审美主体的大学生，自身的文化素养至关重要，大学生自身人文素养的高低与其具备何种审美观和审美能力息息相关。审美能力是一种综合能力，反映了个人的文化素养。

人文知识是人类社会传承下来的文化精髓和宝贵财富，它强调人的道德、精神，注重对善与美的理解，引导人们求真、爱美、从善，在陶冶人、教育人方面有不可替代的作用。要想使大学生具备完善的审美心理，提高其审美能力，大学生必须具有一定的人文素养、知识储备、生活经历，以及其他方面的实践能力。因为具有一定的文化底蕴和知识储备可以使得大学生思想更加开放、思维更加活跃。在审美的过程中，他们可以充分发挥自身的感知力和想象力，从而获得更彻底的美的体验。大学生走进高校的第一要务就是学习科学文化知识，掌握专业技能，只有不断地学习，才能丰富自己的头脑，用知识武装自己的同时还可以开阔自己的视野，使得思想不受愚昧思想的禁锢，增强自身对美的感受力和对美的本质的理解力。大学生自身获取审美知识的途径多种多样，可以通过学校开设的美育课程，组织的各种文体活动、知识讲座等进行汲取，以达到德智体美劳全方位的发展的目标；同时，高校还应该在课程设置上进行优化，可以从传统文化、历史、政治、文学、艺术等人文社会科学方面进行教育。人文素养影响着一个大学生的思想发展方向，应该始终将其贯穿和渗透在其他学科的教育教学中，使得大学生文武双全，从而提升他们的人文素养。

（三）整合大学生审美心理的培育内容

将有关审美心理培育的内容进行科学整合、整齐划一，可以提高审美心理培育的综合实力。梳理现有的审美心理培育内容，同时引入最新的审美心理培育的研究成果，可以为大学生审美心理培育注入新鲜血液。

1. 梳理现有的审美心理培育内容

大学生审美心理培育内容比较分散，我们应当对现有的内容进行相应的整理，让其具有一定的条理性。这样既有利于大学生审美心理培育的开展，也有利于教师的教授和审美心理培育能力的提高，更有利于审美心理培育内容的科学性。

首先，将现有的审美心理培育内容规整类别，这样有利于审美心理培育课程的设置和安排。清晰了当前已有的审美心理培育内容，对大学生的培育就有了方向，也就会逐渐丰富审美心理培育的内容，使其免于陈旧枯燥。

其次，清晰了现有的审美心理培育内容的脉络，在教授的过程中，教师就会有重点地培育。同时，也会提高对学生的审美心理的培育能力，教师就会有选择性地针对不同年龄、不同的年级安排教授审美心理的培育内容。

最后，对现有的审美心理培育内容进行梳理，能够保留审美心理培育内容精华的部分，剔除糟粕的部分。在快速发展的当代社会，审美心理培育内容要跟上时代的步伐，要随时去除陈旧的内容，以使审美心理培育的内容对大学生产生吸引力。在不断地去伪存真的过程中，审美心理培育内容要逐渐变得具有科学性，以适合大学生审美心理的培育。

2. 引入最新的审美心理培育的研究成果

美学教学应当关注和充分吸收美学研究的最新成果，不断更新和丰富教学内容。审美心理培育作为审美教育的一部分，它的最新研究成果更应当被时刻关注，因此，关于审美心理的培育内容应该不断满足大学生审美的需要，只有这样才能使大学生审美心理培育紧跟时代的步伐，大学生才能对审美心理产生兴趣，从而树立审美心理自我培育的意识。

针对学校方面，高校应当关注并引进最新的审美心理培育的研究成果，将其整理成教师审美心理培育培训的内容，这样可以使教师掌握审美心理培育的最前沿的资料。关于教师方面，教师应当把当前掌握的最新的研究成果总结出来并传授给学生，使学生不断地丰富审美心理知识。

第五章 高校美育教育的路径与发展策略

第一节 校园文化建设中的审美教育

一、校园文化简述

(一) 校园文化的内涵

目前，校园文化定义一直存在不同的观点。无论是将其定义成一种精神文化、第二课堂，或者是师生价值观念以及校园风气等，这也只是从侧面或者单独一个角度去反映的，都不够全面。很明显，校园的真正内涵没能充分体现出来，但是，校园文化的丰富性却可以体现。就广义上而言，校园文化指的是学校全体都存在的方式的总和，学校的物质以及精神文化都涵盖在内，校园活动由师生员工、管理活动、校园软硬环境、教学活动等构成。

总体来说，校园文化是客观存在的，无论人们有没有意识，它都是客观存在、变化且不断发展的。与此同时，在一定程度上，对校园中所有人的情感、信仰、价值观以及人格的形成和发展产生了一定的影响。所以，校园文化的存在和功能上的凸显，对全校学生提升综合素质以及塑造健康人格有着重要意义。在高校教育体系中，校园文化有着非常重要的地位，所以，我们要建立有校园特色的文化系统，把教育功能充分体现出来。

(二) 校园文化的美育功能

文化是人类的社会性产物，其自身具备传承性，并且也处于不断发展中，教育的最终目标是延承人类文化。校园文化是人和校园关系的一种表现。若是将校园中的所有人看作一个有机整体，那么校园文化则是通过这个有机整体形成的，并创造出独特的社会现象。校园文化自身具备的创新性、丰富性、参与性以及认同性，决定了它在美育上的功能。

1. 审美导向作用

我们在创造文化的时候，也被文化创造着。此处之所以这样说是想要表达出文化环境对个体发展所产生的影响。学生的价值取向、思想品德的形成和所选择的生活方式都会受到校园文化的影响。就美育层面而言，校园文化具备非强制性。在文化环境审美活动中，主体具有积极的主导地位。但是，作为群体文化的沉积，需要引导这种文化的认同。美育最后的目的是让这样的文化环境规范自身的行为，之后把具有群体特征的精神风貌体现出来。构成这种群体特征的要素是校园文化，它有很强的感染力，可以构成与其相对应的审美素质，能够进一步促进人们将高尚的道德情操和善良、美好、纯真、理智的心灵塑造出来。

2. 综合素质提高

丰富的校园文化活动可以引导学生多层次的心理需求，即欣赏、追求并且创造美，把学生的创新思维激发出来，并培养他们的想象力和好奇心，写作能力也能得到很好的锻炼，校园的师生也能和谐交往，学生的艺术修养水平也能有所提升，同时丰富了他们的兴趣爱好。需要注意的是，在校园活动中，学生的心理活动一直都是积极参加的状态，因此就出现了与教学活动不同的效果。此外，美育并非孤立、特殊的教育活动，通常与德、智、体等有效结合，所以，美育的过程就是学生全面发展的过程。校园文化所具备的综合性，把作为教育资源的综合性体现了出来，同时也对学生的成长产生一定的影响。校园文化的建设也要体现自身特点，通过实践得出，课堂文化教育功能的局限被健康的校园文化活动打破了，学生的视野更加开阔，智力也得到了开发，知识得到了拓宽，组织和社交能力也得到了一定的锻炼，学生的个性心理也有所成长。

3. 文化气质培养

高校校园文化是一种社会"亚文化"。首先，其产生在社会文化背景下，同时还是文化的集中地，学生通过它的社会性对社会文化前沿有了一定的认识和吸收，并且都处在有利地位。它与认识教育培养观念也存在一定的关联。其次，高校校园文化是师生实践行为中情感追求和共同价值取向的认同。校园文化具有凝聚力，可以将师生的力量和思想汇聚起来，最终内化成积极健康的校园精神。与此同时，这种精神又反作用于所有的成员，使他们都能感受到。校园文化在沉淀和发展中，体现出了独特的校园文化气质，让所有学生都可以产生校园归属感与认同感，进而让自身气质也具备校园文化气质。这种精神美的追求，也正是形成大学生健康人格的重要内容。

二、校园文化活动审美化

以艺术教育为核心的审美教育渗透在课外活动中，可以对活动中避免出现世俗化倾向起到一定的帮助作用，同时还能够预防出现一些低级庸俗的非主流文化的负面影响以及预防其冲击课外活动。渗透审美教育主要是为了将学生们的喜好向高雅、文明、健康的层次引导。审美教育既可以陶冶性情，同时也能释放情感压力。学生通过参加各种课外活动，一方面，施展了才华，释放了能量；另一方面，内心的一些情感也得以宣泄出来。而且，在这样的场合中释放，学生的审美情感也能获得进一步的升华。校园文化活动的教育功能非常丰富，活动对学生获取知识可以起到一定的帮助作用，与此同时，在他们全面成长的过程中也能够起到积极的作用。校园文化活动对美育的影响体现在如下三个方面。

（一）校园活动的丰富性

校园所开展的各种文化活动都具有丰富的内涵，一方面丰富了学生的专业知识、兴趣爱好、政治思想、人际交往、社会接触等，另一方面还提升了他们的素质。同时，校园也是能力培养的主战场，可以把学生的多种感官与学习兴趣调动起来，又能够将感知学习和实践操作有效融合，是一种活动教学和实践的综合体。丰富的校园文化活动，可以使学生进行自我思维模式的调节，从而激发热情，扩展思维内容，这对他们的创造性、主动性、社会性都有着积极的影响，与此同时，也能进一步促进实践和独立能力的发展。

（二）校园活动的游戏性

校园文化活动的审美特性在于自身的丰富性和"游戏性"。首先，校园文化活动和教学活动不同，其摆脱了教学的目的要求，具有更多的娱乐性、参与性和体验性，很明显提升了学生的积极参与程度；其次，学生是它的参与主体，而教师和辅导员则起到中介作用。审美场所是审美教育活动最关注的，在教学活动中，主要是师生的交流，学生之间的这个交流环节并没有完成，然而，这一环节却在校园活动中从真正意义上实现了。"学生主体"间的交流，可以使他们更容易通过一种游戏的心态而投入活动中，进而自身参与的有效性便达到了。

（三）活动"场"的开放性

通常，教的环境在教学活动中，会使人产生一种紧张而又严肃的心理，然而，文化活动却并非如此。第一，活动的时间具有选择性，即生活、学习以及放假时间均可，没有任何限制；第二，活动的空间具有开放性，它可以在社区、舞台、课堂、大自然等地方开展，在这种开放自由的空间中开展活动，学生学习的紧张情绪能够有效地得到缓解并消除，这可以给他们的审美心理带来必要的条件，同时他们也能在活动中收获到快乐。

第二节　自然事象中的审美教育

一、自然美的主要形态

我们依据自然关系，对自然形态进行分类。第一类是没有经过改造和开发的，很少或者是未留下人类痕迹的自然景观，如大海、月光、星空和雪山等，把自然的原生状态保留了下来，以其天然之色呈现在我们眼前。第二类是通过生产劳动实践进行加工和改造过的自然人文美，如海堤、果园、水库、沙漠防护林、园林花卉、农田等。这一类是人们实践的产物，人们在不同程度上把自然物的本貌改变了，留下了人的智慧和印记。第三类是以人们自身的肤色、动作、躯体、肌肉、姿态为审美对象的人体美。

（一）自然景观美

自然景观美作为天然、原始形态的自然物，客观存在在自然环境中，以其合乎形式美的特征，进而成了大家的观赏对象。一直处于变化中的大自然，把丰富多彩的风光美呈现了出来。一直以来，人们在山水之间流连忘返，对赞美自然风光的吟诵一直不绝于耳，如"孤帆远影碧空尽，唯见长江天际流"，还比如"峨眉山月半轮秋，影入平羌江水流"，针对山水风光的刻画与描述不胜枚举，那些没有经过雕饰、自然形成的景物风光，把人的遐想和美感都唤了出来。

自然风光之美的表现形态多种多样：从空间上来看，山川、泉石、湖海、天地、林壑，都展现出了各自不同的美；从时间上来看，江南的烟雨、落日的余晖、塞北的隆冬、初升的朝阳会把人们不同的审美感受引发出来。从这些不同的表现形态来看，我们可以把自然风光美分为两大类：第一类是以冲淡、清奇、幽秀、典雅作为审美特征的秀美；第二类是以遒劲、险峻、壮阔、雄浑作为审美特征的壮美。辽阔的自然景象带给人们博大崇高和景仰不已的感受，如星空、海洋、大漠、峻岭等自然风光，以其和人们相对立的感性形式，让人有一种高昂的美感愉快。如果我们摆脱了日常烦琐之事，远离拥挤的生存空间，面对阔大雄伟的自然景象，不管是比利牛斯裸岩，还是撒哈拉沙漠、夏威夷的火山熔岩、科罗拉多大峡谷等，都会有一种豪迈之感涌现心头，这是一种崇高感和自信力。

相较而言，小溪、月光、柳絮、竹林、流水给人一种静谧、安详之感，这样的自然风光，可归于秀美一类。与壮美的杂乱、不和谐、巨大相对，在形式上，秀美的自然风光把小巧、平衡、和谐、流畅、对称等特征体现了出来。唐代诗人王维所作组诗《皇甫岳云溪杂题五首》的第一首古诗《鸟鸣涧》中这样描写沉静而悠远的美感："人闲桂花落，夜静春山空。月出惊山鸟，时鸣春涧中。"

不管是秀美还是壮美的自然风光，都用其独特的素朴形式，浸润并感染着人们的精神世界。人们脱离了世俗功利的纠缠，在与大自然的神交中精神有所提升，心境更加平和。所以，爱惜并保护自然是我们的历史使命。

（二）自然人文美

人类历史的发展，其实就是一个不断地征服自然、改造自然的过程。人们可以在自然中发现并欣赏美，与此同时，还能根据自然美的特性，借助生产实践活动，对大自然进行符合规律和目的的改造，把人们的意志和时代的烙印留在自然美中，进而使自然和人文景观融为一体。我们把这样的自然美称为人文自然美。

通常，人文自然美分为经人们生产劳动加工改造的自然美和经过艺术劳动加工改造的自然美两大类。第一类指自然物和景观是根据自然发展变化规律，然后通过生产劳动加工或者新创造的自然美，人在其中"直观自身"，获得审美愉悦，如人工饲养的禽兽、人造防护林带、田野以及水库等；第二类指的是人们为了满足精神需求和审美享受，对自然物与景观进行艺术化的加工、改造，使之更典型且集中呈现出来的自然美，如匠心独具的园林、有不同姿态的盆景、修整完善的山水等。这样的自然美已融入艺术美和人文美，但是，自然事物和景观依旧作为主体而存在。因此，是一种艺术化的自然美。

还有一些自然景观因为建筑装饰、重大的历史事件以及树碑刻石等因素成为人文自然景观。钱塘江口的涌潮受两边陡然狭窄的江岸约束，形成了高及数丈的白色城垣，直向江岸扑压。据宋代周密的《武林旧事》记载："浙江之潮，天下之伟观也。自既望以至十八日为盛。方其远出海门，仅如银线；既而渐近，则玉城雪岭，际天而来，大声如雷霆，震撼激射，吞天沃日，势极雄豪。"然而，面对磅礴的气势，大家虽然都有些"心寒"，但是，更多的是获得了雄伟和壮美的审美感受。

二、自然审美的美育途径

（一）把握时机，善于捕捉和发现自然美

自然美一方面是永久存在的，另一方面是变化莫测的。我们虽很容易就能欣赏到自然界瑰丽的风光美，但是，只能在特定的时间和时节欣赏特定的风景。所以，在欣赏自然美上，我们要注重气候和节令的变化。例如海市蜃楼、雨后彩虹、钱塘江潮汐等很多的自然风光只能在短时间内观赏。虽然都属于自然景观，但是，它们都是在特殊的时间出现的，所以我们要把控好机会。还有就是观赏一些植物，我们需要对相关学科知识有一定的了解之后才能清楚观赏的最佳时间。文雅之人都非常喜欢的梅花，有着高尚的品格、洁白无瑕的质地，但是，它却只在寒冷的冬天开放，如果我们无法抵御严寒，那么梅花的美丽景色便欣赏不到了。在对大学生开展审美教育指导的时候，教师可以以梅花作为案例，把梅花生长和开放的植物学知识普及给他们，之后待开放时节便带他们去欣赏，去领略风雪中独自开放的美景，让他们对梅花有新的认识，使他们可以从内心去欣赏、喜爱甚至尊敬自然的美，这样的教学没有任何强制因素和说教成分，可以深层次地触动学生。此外，在欣赏自然美的时候，选择合适的空间角度也是非常重要的。在观赏自然美景的时候，我们通常都会把个人情感掺杂其中，因此，每个人所选择的观察角度不同，所形成的景观印象也会有所区别，不同的角度自然呈现出不一样的自然美。例如庐山的美体现在每个层面，正如苏轼在《题西林壁》中写到的诗句一般，"横看成岭侧成峰，远近高低各不同"；云南石林天然形成的石料堆砌在一起，故而有了如今美丽动人的石像。自然界有诸多鬼斧神工创造了审美的人间极品，在指导大学生审美的时候，我们也要引导他们从不同的层面去欣赏美景，从而，他们从多种角度观赏美景的思维意识便形成了，然后尽情地发挥自己的想象力，去感受大自然的神奇魅力。

（二）将自然美的欣赏与人文美结合在一起

我国属于四大文明古国之一，有着五千多年的传统文化，并基于此塑造出了大国形象，也为后世子孙留下了宝贵的文化珍品。所以，我们在欣赏自然美的时

候，必须将其所包含的历史价值融入其中，使大学生具备更多有意义的审美体验。例如浏览泰山，除了看到泰山上险峻的地势、旖旎的风光、形态不同的庙宇外，我们需要对泰山承载的文化、历史以及政治背景有所了解，这样才能清楚为什么泰山会被称为"五岳独尊"。教师在指导大学生审美上也要从历史着手，然后引导他们学会欣赏自然风景，在游览的途中去领略祖国大好河山的壮美，为中华民族悠久的历史而感到自豪，这样一来，便会产生真实可感的审美情感。

如果将欣赏自然美和人文景观美相融合，除了将历史文化知识掌握之外，学生的文学素养和美学修养也要培养出来，这是因为自然美需要我们有一双发现美的眼睛。对自然美的最合适的解说词便是从古至今所留下的诸多诗词歌赋。江南的风光到底美不美，我们可以从白居易《忆江南》中去感受，诗曰："日出江花红胜火，春来江水绿如蓝。能不忆江南？"然后，我们也可以从贺知章《咏柳》中去体会春天童话世界般的美景，诗曰："碧玉妆成一树高，万条垂下绿丝绦。不知细叶谁裁出，二月春风似剪刀。"上述的这些诗句我们可以用作大学生审美教育的素材，诗中所描写的自然美景引人入胜，可以调动学生的通觉，从而使他们获得审美享受。

(三) 充分发挥审美想象力，融情于景

在一定程度上，自然美主要体现在外部形式上。我们通过感官和想象力可以感受自然美的形式美，这是因为这些形象美和我们的生活经验有一定的关联。只有通过感觉器官，在我们的头脑中先把对自然景观的最初印象形成，然后再通过大脑对其进行深层次的加工，应用发散思维去体验自然美之特征，以达到情感的升华。

人的自然本能中包含想象，然而，每个人的成长环境都不一样，所接受的教育也不相同，所以，教师在进行大学生自然审美指导的时候，最具空间的环节就是把他们的想象力开发并启迪出来。对自然美的想象非常的丰富，在指导学生的时候，教师可以从以下三个方面着手。

第一，由物及人，通过自然的景物可以联想到人的情感世界，把自己的内心情感融入景物之中，使景物和自己融为一体，自然与人也达到了和谐的最佳状态。这样的场景在《红楼梦》中有很多，很多读者也被林黛玉的《葬花吟》所感染，落花无情唯有掩之于净土中才能求得一世清静。花开花落原本是再平常不过的自然景象，但是，若是在欣赏的时候把自己的感情体验融入其中，则另有所悟。就拿"花谢花开"来说，有人为它的凋谢而流泪叹息，也有人转变思维，

吟诵联想到诗句"落红不是无情物，化作春泥更护花"。所以，在开展大学生自然审美教育的时候，教师要引导学生与自己的现实生活相联系，并合理展开丰富的想象力，这样一来，可以拓宽学生的视野，使他们能欣赏到更多更动人的美景，同时还可以陶冶情操、升华情感。

第二，幻觉性联想，指的是人们看到自然景观之后有所感触而出现的独特心理，如回忆之前的过往、对将来的遐想、进入梦境般的冥想。大学生是活力四射的一个群体，他们对现实有很深的认识，同时也憧憬梦想。在进行审美指导的时候，我们可以充分利用这一特征，进而引导他们观景、抒情、联想、升华情感。在诗人身上，这样的联想特别明显。在创作上，他们一般都需要有超出平常生活的幻觉性联想，他们这种追寻梦想的精神状态值得大学生学习。学生在自然审美中获得理性解放，进而能够创造更美好的生活。

第三，形态联想，这样的联想方式最简单、最有效。一般以自然景观外在形态为蓝本，把人脑的机能充分体现出来，从简单的形态联系到平时生活当中的人与事，进而获得感官上的审美满足。与其相似的自然景观有很多，如非常出名的黄山"迎客松"，事实上，诸多山脉上都有，因为受到自然环境和地势地貌的影响，树的枝倾向于向阳的一面，长此以往，外观形似弯腰伸臂迎客的样子便形成了，于是，人们通过想象，给它取了个拟人化的名字——"迎客松"。大学生极具想象力，教师在展开审美指导的时候，要把自由想象的空间给到他们，不局限形式或者理论，这样一来，他们一方面可以积极审美，另一方面也锻炼了想象力，还可以为学习其他学科知识培养了逻辑思考能力。

自然美到处都可以看到，但是，我们需要具备发现美的眼睛、追求美的心灵，进而领略其中的奥秘。大学生作为美的使者，在欣赏美的同时，也要创造美。在欣赏和创造中，大学生可以把自己的审美能力提升上去，进而把更高的审美素养培养出来，陶冶了情操，成为 21 世纪具有审美素养的新青年。

第三节　社会生活中的审美教育

一、社会生活美简述

所有的审美活动都与社会生活和生产实践息息相关。社会是人存在的必要环境与审美对象。在生产实践中，人们把自然和自身都改造了，在改造中认识、欣赏并且创造美，从最基本的物质生产到最高层的精神生产，美的外形和内在都显示了出来。

（一）社会生活美的本质

社会关系就是形成社会的一张网，可以把社会生活的风格方面都涵盖在内，将社会存在的物质生产以及风俗习惯、理想道德、法律、艺术、哲学、政治等都反映了出来，同时还包含反映社会。人们就如同网上的一个结点。人们在其中生活，肯定就需要和多个领域进行联系，因此，相对完整的社会意识也就形成了，所有的个体都依据自己所处群体的生存准则去参加社会生活，并感受美。所以，人的社会实践可以创造美，同时实践自身也是人们审美所注重的对象。因此，社会生活审美看起来便更加广泛，内容更丰富，关系也相对复杂。

社会美的繁杂是对自然美来说的，是现实生活美中最重要且核心的部分。在一定程度上，社会美超越了自然美，然而，这种超越源自社会实践，是社会实践的直接体现。人们从事社会改造的时候，都会尽最大努力发挥自身的本质力量，这样一来，人们智力的发展体现了出来，同时人们外在形态的不断完美化也体现了出来，同时自身也会感到非常愉悦。历史上的一些伟大发明，都是人们智慧的结晶，与此同时，诸多外在美的塑造也被囊括在内。如可以飞向太空的宇宙飞船，体现了人们的智慧，设计上，把技术和形态美都考虑了进去。在古代，嫦娥奔月的传说我们都耳熟能详，这个传说给飞船的设计带来了思想上的启迪，人们基于此把现代的科技化版"嫦娥奔月"塑造了出来。这种发明是人们研究应用的重要工具，同时也是人们审美活动在科技范畴内的重要体现。

除了以上提到的社会实践、关系以及发展中体现出了美之外，在阶级社会中，阶级斗争也把美的因素体现了出来。从表面上来看，阶级斗争充满了冲突和矛盾，看上去并非人们所追求的美的体验，但是，就美学意义上而言，一次阶级斗争肯定会出现两方，即正义和非正义，正义的一方代表着"美"，非正义的则代表"丑"，这样便可以看出，阶级斗争其实就是美和丑的一种较量。人们在斗争中可以感受到美的力量，同时还能用这种力量给"丑"的一方带来一定的影响，使其净化心灵、弃恶从善，这样善的统一便可以达到了，同时对社会进步也起到了一定的促进作用。

整体来说，人们生活的方方面面都体现着社会生活之美，其本质就是人的本质力量作用在社会生活的所有范畴中，进而出现的美及美的感性体验。社会生活美的范围非常大，在我们所能感受到的领域都有。只要是与人类社会进步相符的，可以让人身心感到愉悦的多种社会现象以及人的自由发展，都体现了社会生活的美。

（二）社会生活美的形态

社会生活美所拥有的广阔的范围决定了它具有丰富的表现形式，与社会成员的审美需求关系紧密。主要有以下三种形式。

1. 生产劳动之美

人们都对美的社会生活有所追求，需要从生产劳动着手，以获得最基本的物质保障，并通过生产劳动获得社会财富和生存必需品。这样，人们才有了发现和欣赏美的精神追求，从而在生产劳动中体现本质力量，让审美活动贯穿在劳动过程和成果中。就如同在《资本论》中马克思说到的，每当劳动的方式、内容和结果吸引到劳动者时，劳动者便可以把劳动动作看作他自己体力与智力的活动去享受，劳动作为人本质力量的体现人们便可以感受到，在实践中，主体需要的审美愉悦感便能体现出来。

2. 民俗之美

社会是由很多的小群体汇聚到一起进而组成的大群体，虽然社会准则和行为标准相同，但是，它们却有自己的生活方式和行为习惯，所以就有了不同地域、种族以及群体时兴的风气和流行的风俗。有句俗语说到，"百里不同风，千里不同俗"，我们可以从不同的民族中感受到社会生活之美。

"民俗之美"的含义是，世世代代传到现在的一种民间风俗。我国是个有着众多民族的古老国家，中华文明史把众多民间美好的风俗习惯都总结了出来，成了民族融合的桥梁。例如每年的春节，不管身在何方，只要到了一年一度的春节，人们都想要备足年货回家团聚，去贴门神春联、放鞭炮、守岁、发压岁钱等，会从正月初一一直忙到元宵节。这么多年以来，春节在人们心中的地位是无法撼动的，因为它代表了幸福团圆，象征着大家对新一年的美好憧憬和祝福，是人们心中最美的期待。

3. 社交礼仪之美

社会是一个非常复杂的群体环境，作为社会中的一分子，免不了和各种各样的人打交道，然而交往的礼仪、规范，以及尺度变成了协调社会关系的重要准则。社交礼仪之美是社会生活审美的重要内容，是一种文明的象征和标志。大到不同的国家、民族、地区，小到家庭，都需要遵循礼仪。因此，政府设有礼宾司，会根据既定礼节对不同的交往对象采用不一样的礼仪，我们各自的家庭也都有自己家族传下来的礼仪规则，需要家人共同遵守。礼节是我们在与人交往的过程中所表达的不同感情的行为方式，例如表示尊重、问候、哀悼等；又如握手礼、鼓掌礼、拜访礼、注目礼、鞠躬礼等。除了经常用到的一些礼节之外，其他国家都有补充，如欧洲的拥抱礼、澳大利亚的碰鼻礼等。在人际交往中，恰到好处的拿捏也体现出了礼节之美，礼仪做到位可以体现出个人修养之美，个人的修养之美又可以让整个社会充满礼仪之美。

二、社会生活中实施审美教育的策略

（一）利用社会生活小事件进行学生美育

社会生活中的美源自日常生活，通常是各种平常和烦琐的事情，因此，教师对学生进行社会生活审美教育的时候，需要从身边的事情着手，掌控好学生的心理，用生活中的小事去感动他们，进而达到美育的目的。我们之前的教育一般是大话式教育，只是单纯地说教，学生有时候会反感，这样的心理对他们感知和体验社会美形成了一定的阻碍。其实，在社会生活中，美的内容是非常丰富的，包含友情、爱情和亲情，还有勇敢、善良、正义等，这些美在学生身边都有所体现，他们都非常熟悉，教师在对学生进行审美教育的时候，可从他们身边所遇到、或许会遇到的事情着手，这样可以让他们清楚美是时时存在于自己身边的。社会生活美可以让自己的心灵有所触动，如一句礼貌的话、一个微笑、一个手势、一个肯定的眼神等。

比如微信上前几年引人注目的一幅画，有两位老人都是清洁工，当被问到他们的心愿时，我们会看到他们手中的牌子，上面写到："年轻人，少放点儿鞭炮！让我老伴儿早回家过年！谢谢体谅！"诸多大学生看到之后都不自觉地进行了转发，目的是想让更多的同学看到，并且可以做到牌子上所写的那样。这样做，一方面很好地保护了环境，另一方面也体现出了人们对清洁工的尊重。诸多思想政治教师把这张图保存下来，并拿到课堂上，将其作为教学案例讲述给学生。这种案例源自我们最普通的生活，但是却让人非常感动。想要建立和谐的人际关系，就需要做到人与人之间的理解和尊重，这样才能创造出对学生发展有帮助的社会环境，这便是对心灵美最好的社会生活审美教育。

（二）将社会生活美与艺术美结合起来

在我们的日常生活中，社会生活美随处可见，我们只需要具备一双可以发现美的眼睛。若是能够把社会生活美和艺术美有效融合，就能对学生的美育工作起到一定的帮助作用。作为美育课教师，我们要把形象的东西给到学生，将社会生活美形象化、具体化，并将其体现在学生面前，对他们体悟社会生活美起到一定的指导作用。

在学校，我们可以开办摄影展览，让学生拿起手机或者相机，把自己生活中一些感人的事拍摄下来，并采用艺术美的形式社会生活的美，这样学生接受起来会更快。同时，我们还可以举办辩论赛，如一个学校的辩论赛的正方题目是"女生长相美要重于心灵美"，反方题目是"女生心灵美要重于长相美"。双方为了辩论赛都在积极搜索资料，找出了很多有关心灵美的案例，并将有关道德美的行为改编成小故事讲给学生听，如此一来，学生更容易接受。同时，我们还能带着学生走入生活，也就是带着他们步入社会生活一线。

对大学生而言，个人亲身经历的生活毕竟有限，但是，依托于艺术，他人的生活经验也可以感受到。自己的生活阅历得到了丰富，便可以对美丑善恶进行一定的对比，从而做出正确的评价。

第四节　高校美育的发展策略

一、加强社会主义核心价值观引领

（一）高校德育工作改革创新的基本理论

1. 高校德育工作的目标定位是提高大学生的思想政治素质

高校思想政治理论课肩负着用马克思主义中国化的最新成果武装大学生、推动社会主义核心价值体系建设、帮助大学生正确认识我国国情和改革发展稳定现实问题、促进大学生提高政治鉴别力和增强政治敏锐性、培养高素质人才的重要职责。高校德育有其重要性，但在功能定位上应恰如其分，既不能随意拔高，又不能无所作为。不能一般地要求培养青年马克思主义者，而应放在着力培养提高思想政治素质上。

2. 高校德育工作课程性质在于政治性与科学性的内在统一

一方面，高校思想政治理论课课程既是科学，又是意识形态；意识形态建立在科学的基础上，但又不是纯粹的科学教育。另一方面，思想政治理论课课程本身也是文化课，但又不是一般意义上的文化课，不能忽视思想政治理论课课程的意识形态教育功能。在思想政治理论课与有关素质教育关系上，思想政治理论课与大学生综合素质教育要相结合，成为综合素质教育的一个有机组成部分，着重培养思想政治道德素质。强化高校思想政治理论课课程在大学生思想政治教育中的主渠道地位，着力宣传马克思主义中国化最新成果，用社会主义核心价值体系引领大学生思想。

3. 高校德育课改革的思路是教师主导性与学生主体性的有机统一

从教师主导性看，马克思主义理论要使学生信，首先教师必须自己信，教师一定要真懂、真信、真用。在教学方面，着力解决课程教学的针对性、实效性、吸引力、感染力，力求使大学生对马克思主义理论的一般性的认知转化为理性认同，从认同升华为信仰，再从信仰转化为自觉的行动，实现知、信、行的有机统一。同时，更要求教师在行动上律己做人，身教重于言教，让学生在教师的一言一行中感受到马克思主义理论的真谛，信服马克思主义理论的现实价值。从学生主体性看，思想政治理论课就是做人的工作，人的素质不仅是思想政治理论课的前提，而且也是思想政治理论课的目的。人是思想政治理论课的中心、出发点和基础，也是思想政治理论课的目的、归宿和根本。

4. 高校德育工作改革的基础在于内容与形式的不断与时俱进

思想政治教育教学应充分凸显"学马列要精，要管用"的根本理念。"要精"关键是使学生真正把握马克思主义的精髓和基本原理，运用马克思主义的立场、观点和方法分析和认识问题，树立正确的世界观、人生观和价值观，确立建设中国特色社会主义的共同理想。"要管用"，就是要紧密联系不断变化的社会现实和学生的思想实际，回答大学生关心的重大理论和现实问题。

5. 高校德育改革的基础在于不断强化科研与学科建设

科研工作是学科建设的基础，是提升思想政治理论课教师综合素质、稳定教师队伍的平台，更是提升思想政治理论教学质量的核心。思想政治理论课的学科建设要为课程建设和课程教学服务，应结合思想政治理论课教育教学实际，确定课题和研究方向，作为学位课建设的方向和重点。由于思想政治理论课课程中的很多内容在中学甚至小学就已经接触过，如不能从新的视角、新的高度达到新的层次、新的水平，教学根本无法受到学生的欢迎。必须对一些理论和实际问题有自己的研究，对自己讲授的内容真正理解并有深刻体会，在教学大纲的指导下，同教材形成一种既统一又有区别的关系。通过科研扶持提升教师参与科研攻关的意识和参与度，不断增加思想政治理论课教学中的科研含量，从而真正地促进和保证思想政治理论课教学质量的提高。

（二）用社会主义核心价值体系引领高校德育课堂的有效途径

要增强用社会主义核心价值体系指导高校德育的针对性和实效性，就必须在探索有效途径上下功夫。

1. 充实内容，贯穿社会主义核心价值体系精髓

由于思想政治理论课具有强烈的意识形态，因此在思想政治理论课教学中，要以社会主义核心价值体系为主要内容，坚持以马克思主义为指导，开展人生观、价值观、道德观和法治观的教育，引导学生树立高尚的理想情操和养成良好的道德品质，树立社会主义核心价值观，树立体现中华民族优秀传统和时代精神的价值标准及行为规范。开展党的路线、方针和政策的教育，开展中国革命、建设和改革开放的历史教育，开展基本国情和形势与政策教育，使学生坚定对马克思主义的信仰、坚定对中国特色社会主义的信念、增强对改革开放和现代化建设的信心、增强对党和政府的信任。教学内容和课程体系改革是永无止境的，不会一蹴而就。教学内容注重时代性与前沿性、教学目标突出理论性和思辨性、教学手段改革围绕实效性，这些原则要传授给教师特别是青年教师。要求老师包括青年教师在进行相关基础课程教学中，既能讲授基础理论，也能注重学术前沿与课程建设动态，并介绍给学生，以提高学生对最新理论知识的掌握；同时将课堂教学目标锁定在学生理论思维和分析能力上，用案例教学和讨论式教学方式，以提高学生对现实问题分析能力的锻炼，提高学生的学习兴趣和对原理内容的理解和把握。

2. 改进方法，努力提高政治理论课教学的吸引力、感染力和实效性

教学实践证明，提高思想政治理论课的吸引力、感染力和实效性，关键是要改进教学方法和更新教学手段。虽然传统的灌输式、说理式教学方法对于知识的传输和解惑具有不可忽视的作用，却难以达到吸引和感染当代大学生目的，实效性也大打折扣。为适应青年学生的特点，帮助他们实现对马克思主义基本理论

"知—信—行"的提升和转化，推进学生学习由被动到主动、由无味到有趣、由认知到信仰的转化，教师教学应完成由应对任务到主动服务，由"备课"（课程知识）到"备人"（教学对象）、"备法"（教学方法），由"课堂"到"生活"（社会实践和"第二课堂"）的转变，不仅提高思想政治理论课的吸引力、感染力，也大大提高课程教学的针对性和实效性。

（三）用社会主义核心价值体系引领高校德育第二课堂的有效途径

1. 氛围营造，推进校园文化建设营造

学生、学校、家庭、社会融为一体的核心价值教育氛围。营造良好的学习环境和优良的学风，学生会自觉地、不自觉地接受良好文化氛围的熏陶。校园文化具有导向、育人、凝聚、开发等重要功能，良好的教育环境可以强化学生学习动机。优秀的校园文化与高校德育教育之间关系密切，相得益彰。德育教育有利于引导校园文化建设的发展方向，而优秀的校园文化为提高德育教育的实效性创造了积极的文化氛围。优化教育环境，促进学生成才，是思想政治教育工作的基础性工作。为此，我们一定要精心营造好育才环境，精心培育校园精神。目前已被人们所认识并已在实践中的校园环境和校园文化建设、校风师德建设、学校社团建设、社会实践活动、学生的生产实习以及全社会、家庭对学校德育的支持与参与，都是行之有效之举。

2. 人格完善，深入开展大学生心理健康建设

建立心理疾病预防和危机干预机制，构建包括学校、学院、班级、宿舍、家长、个人和社会专业医疗机构在内的七级心理危机预防与干预体系，形成行政管理和业务指导相结合的工作体制；成立校、院两级学生心理健康教育社团，定期举办班级和寝室心理委员专题培训，建立考试合格上岗制度；建立心理咨询信息管理系统，定期开展心理健康教育宣传活动。

3. 改进大学生党建团建工作

大学生作为极其具有活力和创造力的群体，加强他们的社会主义核心价值体系教育是大学生党建工作中重要的环节。要通过对广大学生党员进行社会主义核心价值体系教育，进一步发挥他们在大学生德育中的骨干带头作用和先锋模范作用。要以建设社会主义核心价值体系为契机，创新学生党支部活动方式，丰富活动内容，增强凝聚力和战斗力，使他们成为开展德育工作的坚强堡垒。

4. 多元并举，建设网络德育平台

互联网的迅速发展，极大地冲击着传统的政治态度、思想观念、道德观念和价值取向。因此，我们必须紧跟着时代前进的步伐，遵循网络思想政治教育的基本原则，寻求德育建设的基本途径。

（1）加强教育网站的建设

面对政治理论课的吸引力、感染力，也大大提高了课程教学的针对性和实效性。网络对德育建设带来的机遇和挑战，我们必须抓住网络德育建设的主动权。建设一批有吸引力的网站，用正确、积极、健康的思想文化占领网络领地，并以鲜明的思想、丰富的内容吸引人们的注意力，增强网络的感召力。

（2）健全教育运行机制

强化网络监控管理，对良莠不齐的网络信息进行过滤，保留一些健康、积极的思想；同时建立网络反馈制度，通过网络及时了解学生的思想动态，及时捕捉学生中存在的思想问题并采取针对性的解决方案。

（3）加强网络教育队伍的建设

使广大的高校德育建设队伍大力提高自身的网络技能和水平，研究网络德育建设工作的特点、规律和方法，增强工作的针对性和实效性。

5. 拓宽渠道，强化社会实践工作

（1）大学生融入社会的目标宗旨

社会实践是大学生走向社会的一个重要环节，也是教育与实践相结合的具体体现。其宗旨可以概括为"受教育，长才干，做贡献"：受教育是前提基础，长才干是受教育的落脚点，做贡献既是学生在社会实践过程中的积极作为，又是长才干过程中的积极表现，从长远看则是最终目的和归宿。当今社会的竞争是人才素质的竞争，随着人才被推向市场，大学生要适应时代的要求，不仅要具有扎实的专业知识和高超的业务水平，更需要通过社会实践来提高综合素质。改革开放以来，我国大学生社会实践取得了很大成绩，然而由于社会资源相对有限，还远远不能满足在校大学生积极投入社会实践的需要，社会实践在大学生中的普及率仍然较低。以互联网为代表的网络信息技术给大学生社会实践工作带来了机遇。网络作为信息传播的新媒体，其高效、快捷的特点深受大学生的欢迎，浏览网页、通过互联网交流信息已成为大学生日常生活的重要内容。网络对大学生的思维方式、学习生活方式、接受信息形式都产生了重要影响。同时，网络拥有海量的资源优势，在继承和发扬大学生社会实践传统的基础上，按科学性、时代性、

实效性和主体性原则，将社会实践活动同网络有机结合起来，开展高校网上社会实践，让更多大学生能投入到网上社会实践中来，才能满足其成长成才的需要。

（2）实践教学环节的设计指导理念

课堂实践教育和网上实践教育相结合。理论课实践教育是在教师的指导或引导下，通过学生亲身参与而产生直接感知的学习、研究和实践环节相结合的动态性教学过程，包括课堂实践教育和网上实践教育两种形式。

首先，课堂实践教育是根据课程性质以及相应的教学内容确定的一系列课内实践教学环节，如课堂讨论、案例分析、主题论坛、课堂辩论、课堂演讲、情境再现、专家讲座等。在这一系列教学实践环节中，学生主动查找、准备资料，积极参与讨论、辩论，思考问题、分析案例；积极参加课堂演讲、主题论坛，提出问题、分析问题；积极参与前沿性讲座和学术活动；开展以课堂讨论为中心的"听、看、读、议、写"活动，将过去那种单纯的"老师讲、学生听"的"满堂灌"的灌输式教育转变为启发式教学。具体做法是把"听、看、读、议、写"五种方式有机结合，构建一种全方位的立体教学模式，使学生真正能够达到"动情、动心、动脑、动口、动手"的"五动"状态。学生在老师的指导下撰写的许多小论文在公开刊物发表，在各类征文竞赛中获奖，培养学生运用所学理论分析实际问题的能力。

其次，网上实践，通过开展网上图书资料的收集、研读、讨论、总结，再根据自己的兴趣、特长，在教师的指导下，整理、分析资料，提出问题，分析问题，并提出解决问题的对策和思路，完成多媒体专题课件的制作。利用网络制作多媒体课件，使学生们学习和查阅了大量资料，拓展知识面和提升理论水平。学生们充分发挥自己的聪明才智，制作形式多样、创意新颖的多媒体课件。

二、在学科渗透中落实"大美育"理念

美育不仅是美育课与思政课的任务，也需要在其他学科中加强美育。

（一）言传身教，让教师成为传播美的使者

敬爱师长是中华民族的传统美德，"学高为师，身正为范"，三尺讲台上的优秀教师就是学生的榜样。在日常的教学活动中要重视发挥教师的示范作用，除具备本专业的教学能力之外，还要不断提升高校教师的综合素质。大学生与中学生不同，学习与生活的大部分时间都在校园中进行。所以，教师不仅要在上课时

做好榜样，还要在行为举止、着装谈吐、精神状态等各方面言传身教，引导大学生树立健康、正确的审美观。教师的一举一动、一言一行都尽收学生眼底，作为教师应该从点滴细节做起，衣着得体、举止文明、语气温和。同时，还要用渊博的学识、无私奉献的精神、高尚的道德情操帮助学生树立正确的思想观念，起到榜样作用。

（二）将"大美育"的思想落实到位

将美育功能巧妙地融入各个学科之中，让美育更加立体，从而促进学生人人崇尚美、向往美。首先，在日常的教学活动中融入美育思想，从一点一滴做起，从养成良好的行为习惯做起。按时上交作业、认真学习、不迟到早退、举止优雅、言行得当。其次，可以将审美教育与德育有机结合起来，通过言传身教在潜移默化中使学生树立远大志向，对人生有目标，做一个有理想、有追求的当代大学生。

（三）在教学内容上引导人们向往真善美

以文学、数学、外语专业为例，文学相关专业可以经典诵读为突破口，推进书香校园建设，逐步将读书融入自己的生活之中，潜移默化地养成阅读的习惯，起到陶冶情操、美化人格的作用；数学学院的学生可以将数学问题生活化，让学生体会到数学对我们生活的作用，感受数学的魅力；外语学院可通过欣赏国外原声电影、阅读原著欣赏世界文化之美。与此同时，还可以做中华文化的传播者，让更多留学生喜欢中国文化。其实美无处不在、无时不在，需要教师与学生都有一双善于发现美的眼睛。美育需要环境、需要氛围。美育不仅是艺术专业的事，构筑良好的美育环境全方位促进学生审美水平及能力的提升需要各个学科专业的老师与同学一起努力。

三、完善体制机制

（一）加强主体认知引导

1. 自觉加强文化修养，提高审美认知

审美认知在审美活动中形成，并在审美个体的审美活动中起支配作用。当代大学生只有提高自身的审美认知，才能够形成正确的审美心理，进而抵御外界的冲击，避免出现审美偏差。"美育者，应用美学之理论于教育，以陶冶感情为目

的者也"，这要求美育的开展要以一定的美学理论为指导。

大学生要通过自觉加强文化修养，主动接受美学理论知识的熏陶以提高自身审美修养，并且能够有计划、有目的地根据自身成长和发展进行自我教育，形成符合自身个性的审美特质。大学生在发现美、认识美、创造美的过程中如果缺乏美学理论作为审美指导，对美的理解往往就会停留于事物表面的认知，形成盲目、空洞、肤浅的审美，缺乏更深层次的感受与理性思考的升华，因此，当代大学生应自觉加强文化修养，努力提升自身美学素养，树立正确的审美认知和审美心理。

2. 正确认识践行美育，发挥"综合中介"作用

现代教育改革的中心课题是克服所谓"智商"测试为标志的"唯智主义"，走向人的全面发展。当代的到来，以素质教育代替应试教育已经成为人全面发展的必然选择，美育作为素质教育的重要组成部分，其价值和功能突出体现为对德智体劳其他各育的渗透协调作用，是德智体劳各育的"综合中介"。

在素质教育中，美育与德智体劳既相互区别又相互联系，既相互渗透又相互促进。在德育中运用美的方式，将理性的道德灌输转化为生动的形象，使道德说教转变为道德情感；在智育中通过美的启发，激发大学生学习的热情，在追求美的过程中发现科学真理；在体育、劳育中通过美的建设，使大学生达到健美的体魄和身心的健康。面对中华民族伟大复兴的历史重任，大学生需要的不仅仅是科学知识和专业技能，也需要有其他各育的有力支撑。因此，要充分发挥美育"综合中介"作用，使大学生在思想品德、知识技能、生理心理都得到自由和谐的发展，从而培养出全面发展的当代大学生，为实现伟大的中国梦持续发力。

（二）坚定文化自觉自信

1. 以中国特色社会主义先进文化筑牢文化自信根基

随着全球化的不断深入，世界各国文化相互交融，我们要结合大学生的精神文化需求，紧扣学生发展目标，充分发挥中国特色社会主义先进文化的美育作用，筑牢中华民族文化自信的根基。五千多年文明发展中孕育的中华优秀传统文化，在党和人民伟大斗争中孕育的革命文化和社会主义先进文化，积淀着中华民族最深沉的精神追求，代表着中华民族独特的精神标识，这一文化体系中包含了中华民族深邃而精练的审美认知和审美观念，如"修身、齐家、治国、平天下"的优秀传统文化、"红军不怕远征难"的革命文化、"鞠躬尽瘁为人民"的社会

主义先进文化，这些都彰显了中华美德和民族精神。

中华民族美育思想博大精深、源远流长，当代大学生的美育要从中国特色社会主义先进文化中汲取养分，结合基本国情、社会发展和时代需求赋予美育新的时代内涵与践行方式，同时运用喜闻乐见的方式感染大学生，综合利用网络、新媒体、慕课等多种途径开发美育的形式和载体，积极引导广大学生正确认识历史的发展规律，准确把握我国的基本国情，高扬民族精神旗帜，弘扬民族风骨个性，传承民族文化基因，不断展示中国特色社会主义的道路、制度、理论、文化之美，不断强化当代大学生的文化基因认同、民族认同，不断增强当代大学生的民族自信心和自豪感。

2. 讲好中国故事，引领文化新风尚

在 21 世纪的今天，信仰失落、人性扭曲、价值虚无的问题日益凸显，我们要讲好中国故事，通过扎根时代生活，以中国故事为抓手，充分挖掘、提炼中国故事背后的中国基因和中国精神，让中国故事感染学生、影响学生、感动学生，让当代大学生在中国故事的鲜活事例中感受中国发展建设之美，使中国故事的精神凝聚当代大学生的爱国情怀和民族情感，激发大学生的民族认同，提高国家软实力。我们要坚守中华文化立场、传承中华文化基因、展现中华审美风范、表达中国内涵，引导大学生运用当代中国的视角回顾中国的历史、世界的历史，用当代中国的眼光展望中国的未来、世界的未来，"通过美育这一现实的手段融入国人的血液之中，慰藉着现代中国人的心灵，支撑着国人的信仰世界"，实现对文明冲突论以及西方中心主义的超越，引导当代大学生真信、真学、真懂，知行合一，以中国思想、中国思维、中国理论总结中国经验，彰显中国话语。

（三）实现高校美育协同进化

高校美育资源的分布不平衡，直接影响着不同区域内美育发展的不平衡。要解决高校美育资源分布不平衡的问题，一方面，需要政府和教育主管部门调整美育资源的分布，合理分配；另一方面，不同地域、不同类型的高校之间应当建立协同共生机制，促进不同地域、不同类型高校之间对于美育资源的优势互补，提升各高校间美育资源的共享力度。

1. 合理分配高校美育资源

高等教育的不同生态区域由于思想观念、经济发展水平不同，其高等教育资源的分布也不同，美育资源的分布也同样受限。在我国，一些比较发达的城市，

由于其发展比较迅速，公众思想观念普遍超前，一些优秀的艺术院校、知名的艺术人才汇集于此。而且，这些城市高校的美育资源就相对充足。无论是美育师资还是美育教学设施设备，相对来说都更加完善。虽然没有差异会导致高校美育的重复建设和资源浪费，但是差异过大则造成了高校美育发展的失衡，这在一定程度上影响和制约着教育系统的良性发展，不利于高校美育整体的持续发展，影响我国高校美育的整体水平。所以，出于保证整个美育生态系统的平衡考量，必须对美育资源进行合理的分布调整。这就需要用宏观调控的手段，必要时采取行政干预的方式，使不同生态区域的高校美育优势互补、协调发展。各级政府应当提高对于美育育人功能的认识，积极调整高校美育资源在地区内和高校间的合理分配，加强对薄弱地区和薄弱高校的资源流动。

2. 促进高校间协同进化、实现优势互补

由于一个地区、某一所高校拥有的美育资源毕竟有限，但是不同生态区域、不同高校的资源却具有很强的互补性。因此要使高校美育取得良好的效果，不同地区、不同高校之间必须不断进行动态交流，实现优质美育资源共享。积极消除因各地区经济发展不平衡等原因而导致的美育资源供应上的差异，在教育生态学上具有重要意义，它有助于各地区的教育生态系统平衡发展，使不同地区的个体都能有平等的机会接受同样良好的教育。例如针对目前高校美育师资短缺、美育教师专业素养偏低的状况，江苏省各高校之间就成立了高校公共艺术教育师资培训基地，针对目前高校开设的公共艺术课程，陆续举办了音乐与舞蹈教师培训班、戏剧与影视教师培训班、美术与书法教师培训班、美育与艺术理论教师培训班等，服务于公共艺术教育教师培训。

3. 优化美育生态环境，促进高校美育持续健康发展

高校美育生态环境的优化需要上下联动、内外协同。

（1）政府层面

应当为高校美育资源的建设提供一个相对良好的制度环境。高等教育的发展方向受制于国家政策的引导，所以，美育能够在高校实施也需要国家教育制度的引导，为其创建一个相对公平、宽松的环境。只有这样，才能为高校美育的发展争取更多有利的资源，为其找到合适的生态位，从而保证高校对于美育系统物质、能量、信息等的输入的稳定与持续。另外，针对目前已颁布的《公共艺术课程指导方案》中存在的对于美育课程的结构不明确、方法不明确、评价无标准等问题，国家应当细化现有美育政策方案，为美育在高校校园的顺利开展提供更

多、更细致、更有操作性的准则，支持高校美育的发展。

（2）各高校层面

应当不断加强对于美育育人功能的认识，充分了解美育在人才培养中的重要地位，成立实体性的美育教研机构，拨付专项经费，并按照要求配齐配足美育师资。

各个学校应当根据自己的实际状况，明确美育在学校不同阶段的发展状态。一方面，充分利用本校优势力量，结合美育需求开设独具本校特色的美育课程；另一方面，积极加强与不同类型高校之间的联系，充分结合彼此优势，取长补短，互助互益，打破"花盆效应"，促进美育资源共享力度，为美育在高校的开展争取更多的资源，促进高校美育的持续健康发展。

（3）教师层面

作为高校美育资源中的关键资源，其对于高校美育资源的建设也存在着巨大的影响。美育教师是美育思想的传播者，也是美育思想的建设者，学生通过美育课程接受美育教师的教育，提升自己感受美、欣赏美、创造美的能力。所以，美育课程内容的好坏、方法的适当与否都直接来源于美育教师专业素养的高低、认识程度的高低。针对当前我国高校美育开展的实际状况，首先，美育教师应当不断加强对于美育教育教学规律的认识，不断加强对于美育知识的学习，拓展学习视野，不断提升自身专业素养，提高个人专业水平；其次，美育教师应当认真调查、了解当前学生对于审美教育的需求，明确美育的对象，合理设置美育课程，正确掌握科学的美育教育教学方法。"上下同欲者胜"，只要各级政府、各高校和美育教师都重视美育、关心美育、支持美育资源生态化建设，不断扩大美育资源的有效供给，同时注重美育资源的平衡分布和有效利用，经过若干年的努力，我国高校美育生态一定会有大的改观。

第六章　美育视域下的艺术教育实践

第一节　美育视域下的音乐教育研究与实践

音乐教育是艺术教育的重要组成部分，也是美育的一个重要分支。我国学者赵岩在谈及音乐教育之于美育的意义时曾指出：音乐教育所承载的性质特征与目标任务是在用音乐这一特殊的艺术形式实现美育教育所赋予的育人功能。

一、音乐教育的美育功能与意义

音乐是一门极为独特的艺术形式，其不同于绘画通过线条来表现美，也不同于影视艺术通过影像来表现美，而是具有独特的声音、旋律及和声等元素的美。音乐的这种特点，使其具备了不同于其他艺术形式的独特的美育功能。

（一）音乐教育通过情感传递美育功能

情感是一种比情绪更高级的感情现象，具有稳定性和内隐性的特点。情感是人的一种自然心理活动，通过人的生理、心理活动而产生的一种对客观世界的反映。这种心理活动并不是后天产生的，而是人先天与生俱来的一种大量直观的感情体验。情绪与情感不同，情绪倾向于个体基本需求欲望上的态度体验，而情感则侧重于社会需求欲望上的情感体验。例如当个体在弹奏或聆听音乐时，跟随音乐的节奏而产生或喜悦或悲伤的情绪即是一种个人情绪体验。而当听众聆听爱国主义音乐时，则会产生一种强烈的爱国之情，引起数以千万计的听众情感上的爱国共鸣，从而使人们心中涌现出强烈的民族认同感，这种体验就是一种情感上的体验。情感上的体验经过后天长期的文化教育与社会环境的塑造，即可形成一种更高级的感情形式——情操。情操则是一种与社会价值观密切相连的一种感情形式。

音乐是一种情感的艺术。听众在聆听音乐和感受音乐时，通过音乐流动中的音响和节奏变化，作用于自身的听觉系统，由此触发个体内心的共鸣，从而引发情感体验。关于音乐情感的产生，我国学者于润洋曾做了生动的说明："音乐作为一种艺术形式，之所以能够引起人的情感共鸣、引发情感体验，是因为音乐与情感有着异质同构的运动状态，音乐通过节奏、力度、速度、旋律的变化推动音乐形象的发展，从而引起视听感受，而音乐形象是在时间的流动中展开的。与之相似，情感的变化也是在时间的流动过程中不断展开和发展的。基于此，音乐和情感有了一种特有的关联。"音乐教育是通过以音乐作为媒介对学生进行的情感教育。音乐教育中的音响是美的，节奏是美的，能够引发学生美的情感共鸣，振奋人的精神，提高人的审美情趣。音乐能够激发学生正面和积极的思想情感。因此，在进行音乐教育时，教师可通过为学生讲解音乐作品的创作背景，以及音乐家的生平等，以方便学生理解作品的思想内涵、人文内涵、情感内涵等，培养和提高学生对音乐作品的鉴赏能力和评价能力。在音乐教育中，教师可通过向学生传授真、善、美的音乐，宣传正确思想和美好形象，从而激发学生的正向情感。因此，音乐教育是否成功，取决于学生在学习、欣赏、演奏、歌唱音乐时，是否投入了情感，是否理解音乐本身所蕴含的情感。这一点也是音乐教育中美育功能实现的基础和前提。

（二）音乐教育通过树立审美意识实现美育功能

音乐是通过人们的听觉和视觉感官上的冲击来达到传播某种精神、揭露某种社会现象、歌颂某种事物的目的，激发人们心中的共鸣。近年来，随着我国社会改革的不断深化、科学技术水平的不断提高，人们的生活节奏越来越快，追求效率成为人们生活的主要目的，与此同时，人们却忘记了追求生活的质量，失去了在生活中发现美和感受美的能力。音乐首先是一种听觉艺术，是按照一定规律组织起来的音响。无论是哪个国家或民族的音乐，均是通过一定的音高、音色、节奏与和声等表现手段进行创作，并且赋予音乐以美的情感。此外，音乐还是一种视觉艺术。不同乐器的弹奏或歌曲的歌唱，均可以带给人们不一样的美感，在愉悦人们精神的同时，实现不同的审美教育。音乐依靠视觉和听觉培养人的审美意识。因此，音乐教育从本质上来看，是一种审美教育。音乐的本质是美，即通过音乐中所抒发的美好的情感，塑造良好的音乐形象，使学生能从其中充分地感受到美，并学会鉴赏音乐的美，从而全面提升学生的审美能力。音乐教育是一种审美教育，其中的关键不仅是指音乐是一种美的教育，还需要"审"，即通过音乐教育让学生发自内心地感受到音乐的美，从而实现音乐的美育功能。音乐是人类社会的特有产物。人类社会是一个极其复杂的产物，其中，既有真、善、美，也有假、恶、丑；既有正义，也有邪恶；既有高尚，也有庸俗。而辨别这些情感，则需要具备良好的审美情趣，才能分辨健康、高尚的音乐，或庸俗的音乐。

音乐教育中审美情趣的培养正如同音乐的特点一样，是一种潜移默化的培养。一方面，培养音乐审美情趣需要结合教材、教师和环境等多方面综合实施。其中，教材的选用须具有高尚情感和有较高艺术价值的音乐作品，以此来培养学生的审美趣味。教师在学生审美趣味的培养过程中起着极其重要的作用。教师自身的审美修养和审美能力，是决定其所培养学生的审美修养和能力良好与否的前提。除此之外，在音乐教育中培养学生良好的审美情趣，需要在一个良好的、具有审美的环境中，在这个环境中应经常播放优美而健康的音乐，举办音乐演出、音乐欣赏等，而这样的环境能够为学生构建一个良好的审美环境。另一方面，在培养学生丰富的音乐审美情感时，应先弄清楚音乐审美情感的形成方式和形成途径。音乐审美情感的形成可分为音乐性途径和非音乐性途径两种类型。其中，音乐性途径是指通过音乐本身激发情绪并逐渐形成生理快感和理想的美感深化。而非音乐性途径的审美情感形成则是指在音乐之外，通过绘画、舞蹈、文学等其他各种与音乐密切相关的艺术形式来培养学生的音乐审美情感。音乐与绘画、舞蹈、文学等其他艺术形式之间存在着一定的共通性。例如文学与音乐之间具有一定的共通性，尤其是文学中的诗歌因讲究韵律，而颇具节奏和音乐性。我国学者赵鑫珊曾在《莫扎特之魂》中指出，莫扎特音乐的思想感情和审美境界在唐诗中有类似的旋律。又如音乐与舞蹈通常联系在一起，舞蹈的节奏与音乐具有一定的相通性，在音乐的伴奏下，舞蹈会显得更加具有节奏性和美感，更加易于表达其中蕴含着的深沉意蕴和情感。

（三）音乐教育通过促进思维能力实现美育功能

人类的思维能力包括形象思维和抽象思维。这两种思维相互补充与渗透，共同决定着个体综合能力的高低。其中，科学思维多为一种抽象思维，而艺术思维则为形象思维。形象思维受人类的右脑管理，而音乐作为一种形象思维艺术也受到右脑的管理。音乐教育可以增强和锻炼学生的形象思维，并通过形象思维，激发个体的想象力和创造力。对此，我国学者张艳曾在一篇学术文章中用一组数据说明了音乐教育在促进人的思维能力方面的作用："据统计，世界上在各领域对人类做出重大贡献的人物中，70%~80%接受过良好的音乐教育，这说明音乐艺术的美对人的审美素质的陶冶，使人的精神境界得到升华，想象力和创造力得以开发，对于科学创造产生了重大影响。"我国历史上，许多文学家也具有音乐家的天赋。例如蔡文姬作为中国古代的一位诗人和才女，也是一位杰出的音乐家，其所创作的《胡笳十八拍》是我国古代音乐史上和文学史上的杰作。我国唐代诗人王维，除了是一位文学家之外，还是一位画家和音乐家。音乐教育所激发的人的形象思维，不仅对文学家有利，对科学家的整体思维也具有十分重要的作用。爱因斯坦（Einstein）是一位世界著名的科学家，其在科学上做出了一系列重大发明，并提出了广义相对论。他曾说："在科学的思维中，永远存在着音乐的因素，真正的科学和真正的音乐要求同样的思维过程。"爱因斯坦对音乐的功能赞叹不已。除了爱因斯坦外，奥地利物理学家薛定谔（Schrödinger）也曾明确指出，是音乐启发了他的智慧。我国著名科学家钱学森先生不仅是一位伟大的科学家，还具有相当杰出的音乐造诣，他会吹圆号，并且十分擅长弹钢琴。钱学森本人在谈话中也多次提及美学的作用："美学使得我丰富了对世界的认识，学会了美的广阔思维方法，或者说，正因为我受到这些美学方面的熏陶，所以我才能够避免死心眼，避免机械唯物论，想问题能够更宽一点、活一点。"音乐艺术所培养和激发的人们的形象思维，可以激发起一种创造性的想象，继而表现为创造性的行动。由此可见，音乐艺术在促进人类整体思维方面具有十分重要的作用，音乐思维是科学思维中不可缺少的一部分。

从审美体验的角度来看，音乐教育作为我国高校重要的审美教育实践载体，在一定程度上能够帮助学生提高音乐审美能力。关于审美体验，美国哲学家、教育家约翰·杜威（John Dewey）强调审美体验中个人生活经验结构与环境空间维度体验的重要性。杜威认为："如果没有日常经验的压迫和单调，梦想和幻想的世界就不会有吸引力。"杜威强调审美体验受到周围环境的影响，应具有层次感。除此之外，审美体验还是一种主观情感。音乐中的审美体验具有塑造情绪的作用。音乐所带来的审美体验与认知能力紧密相关，认知能力是审美体验中最重要的一个环节。音乐认知能力使个体能够了解音乐审美体验的本质，更加接近审美体验的真相，超越简单的愉悦感，然而仅运用认知能力不足以构建完整的审美体验。音乐还可以唤起或抑制人们的情绪。这种审美情绪能够激发个体独特的审美体验。从音乐教育的角度来看，音乐可以培养和提高大学生的审美体验能力，帮助学生理解音乐的真正含义、体会音乐艺术的魅力。

二、高校美育工作中音乐教育实施路径

（一）挖掘课程美育元素，提升音乐教学质量

高校美育教师要对教材进行全面研读，挖掘其中蕴含的美育教育元素，利用音乐学习推动美育教育发展，提升美育教育质量。首先，教师可以挖掘教材歌曲蕴含的美育元素，例如贝多芬交响乐的编曲特点，以及蕴含的积极情感；挖掘中国地方民歌蕴含的地域文化和独特唱腔，引导学生品味这些独有的美学价值，从而提升他们的审美素养。有的学生认为陕西民歌带有浓郁的陕北方言，声音高亢、清亮，最具特色的就是花儿、华阴老腔。有的学生认为贝多芬交响乐《命运交响曲》系列，整体风格欢快、激昂，展现了钢琴宽广的音域，让人感受到琴声中蕴含的与命运抗争的倔强和坚韧。其次，教师可以通过音乐文化渗透美育教育，以京剧、昆曲等非遗艺术为主，带领学生学唱经典唱段，加深他们对梨园艺术的喜爱。例如教师可以先用微课播放京剧大师梅兰芳先生《贵妃醉酒》演出视频，学生了解旦角唱腔特点，并向他们介绍京剧中的唱、念、做、打表演方式，为下一步京剧演唱教学奠定良好的基础。学生通过京剧可以了解深厚的文化底蕴，感受京剧扮相、服饰、舞蹈动作和音乐特点，加深对戏曲艺术的了解，从而提升自身艺术审美能力，主动学习和弘扬传统音乐文化。

（二）导入音乐节目视频，丰富审美教育素材

在"互联网+"时代，很多音乐类电视节目迅速走红，赢得很多大学生的喜爱。高校美育教师要积极了解学生音乐喜好，搜集他们喜欢的音乐节目视频，进一步丰富美育课教学内容，满足不同学生音乐审美需求，从而提升美育教学质量。例如教师可以搜集经典音乐类节目《经典咏流传》视频，展现古诗词和流行音乐的融合，引导学生把古诗词唱出来，让他们体验"和诗以歌"的独特艺术魅力。第一，美育教师可以选取节目中传唱度比较高的歌曲，如张杰演唱的《大美中华》、阿云嘎等人演唱的《忆江南》，展现诗词歌赋独特演唱方式，利用古诗词和流行音乐的碰撞激发学生学习兴趣，丰富他们的音乐知识储备。教师可以结合节目视频讲解这两首歌曲的编曲、旋律、节奏，带领学生哼唱这两首歌曲，让他们体会古诗词独特意境美、韵律美，以饱满的热情演唱古诗词改编歌曲，激发他们对传统文化的热爱，提升他们的音乐审美能力。第二，教师可以鼓励学生自主学习其他古诗词改编歌曲，自主探索古诗词和流行音乐的融合，组织

古诗词歌曲演唱活动，促进学生艺术交流，让他们掌握更多古诗词改编歌曲演唱技巧，在古诗词歌曲演唱中领悟传统文化，实现高校美育教育和音乐教育的双赢。

（三）搜集热门影视歌曲，提升学生音乐审美能力

追剧是"00后"大学生最主要的娱乐方式之一，因此，很多影视剧歌曲得到他们的喜爱，这也为高校美育教育提供新思路。高校美育教师积极搜集热门影视剧歌曲，利用这些热门歌曲开展教学，进一步激发学生唱歌兴趣，从而提升他们的审美能力。第一，美育教师可以组织班级投票，学生投票选出近期自己最喜欢的五首影视剧歌曲，票数最高的三首歌曲可以作为教学曲目，带领全班学生一起学唱影视剧歌曲，渗透美育教育。例如教师可以带领学生演唱大热电视剧《苍兰诀》主题曲《寻一个你》，并为学生播放歌曲 MV，激发学生唱歌积极性，激励他们分享自己对这首歌曲的鉴赏意见，以及在演唱过程中的感受。有的学生认为这首歌曲曲调轻柔，整体比较平缓，歌词朴实而温暖，歌颂忠贞不渝的爱情。第二，教师可以开展热门影视剧串烧教学，把票选出来的影视歌曲串联在一起，学生在最短时间内演唱多首歌曲，满足更多学生音乐学习需求。例如教师可以把《寻一个你》《如愿》《人世间》和《这世界那么多人》四首歌曲串烧在一起，同时把不同风格歌曲融合在一起，让他们唱出每首歌曲的情感，培养学生良好的音准和节奏感，进而提升他们的演唱水平和审美能力。

第二节　美育视域下的美术教育研究与实践

美术教育作为艺术教育的一种，是推进我国素质教育的有效动力，也是我国高校美育功能实现的基本途径。

一、高校美术教育的美育功能

高校美术教育是艺术教育的重要组成部分和主干课程。美术教育在传承人类文明、提升学生的审美修养中起着其他学科不可替代的作用。

（一）高校美术教育能够树立学生正确的审美观

高校美术教育是一种视觉艺术。美术教育在学生的审美中起着重要的促进作用。高校美术教育的首要美育功能是树立和培养学生的审美。美术教育属于艺术

教育中的一种，具有审美特点。美术与其他艺术形式不同，是一种依靠线条和色彩而构成的视觉艺术。美术教育具有与其他艺术不同的审美特点。高校美术教育在树立学生正确的审美观方面，主要表现在以下两个方面。

第一，高校美术教育可以培养学生良好的心理品质。高校文化对学生的精神和灵魂起着重要的塑造作用，首先即为学生的心理品质和精神方面的影响。如果学校是一个品牌，那么学校精神即是这一品牌的核心，学生良好的外在形象即是学校精神的外显形式。近年来，随着我国素质教育的推行与改革，高校的优势已不仅在于其良好的外在硬件条件、教师专业教学水平的高低，而是与学生的整体素质，尤其是学生精神方面的素养息息相关。美术教育对学生所进行的美育培养，是一种以应用美学理论作用于教育，并以美育育人理念和情感熏陶为重点的学生审美理念和审美能力的培养，唯其如此，才能不断地提升学生的美育素质，尤其是审美意识，才能更好地维护高校的形象和品牌。

第二，高校美术教育是一种内化于心的教育。高校美术教育是一种情感教育。这种情感教育不仅能够起着培养学生完整和健全人格的作用，而且起着调节人的情感的作用。大学生正处于心理情感极为复杂的时期，尤其是近年来，随着社会竞争压力的不断增强，学生的学业压力、家庭压力和就业压力不断加大，使学生面临着巨大的外界精神压力。而高校美术教育则是一种可以自由表达情感，并宣泄情感的教育，也是最能表现学生个性和思想的艺术。美术教育的过程是一个能够为学生带来极佳的审美体验和审美享受的过程。美术教育中的色彩起着影响学生情绪的重要作用，不同色彩在学生的情绪培养和变化中起着不同作用。

(二) 高校美术教育的怡情功能

美术教育本身具有鲜明的美的特质，能够打动人的内心、愉悦人的精神。美术教育的特点，即是通过生动的形象来感染学生，使学生对艺术产生巨大的兴趣，在美术课堂上充分发挥个人的积极性和自觉性，能够愉悦地接受课堂上的知识。美术教育对学生的这种情感的激发功能，即为美术教育的怡情功能。情感是美育的重要途径，只有激发学生相应的情感，才能使学生产生相应的美的感受，从而能够从原有的狭隘的圈子中跳出来，形成良好的审美。情感是人对外部世界对象和现象的主观性态度的反映，是人对客观现实的一种特殊的反映形式。美术是情感表现的最佳形式之一。在美术教育中，教师在教育学生选集材料、酝酿主题，以及构图和刻画形象的过程中，均在不断地调动着学生的情感。学生在美术课堂上按照教师所传授的技巧进行作品创作的过程中，全身心地投入整个创作之中，即便老师在学生创作绘画的过程中给予一定的参考或技巧指导，然而起决定性作用的还是学生本人。因此，在美术教学中，我们常常看到即便老师给出相同的素材，让学生按照相同的技巧进行创作，并设置了同一个主题，然而，学生在艺术创作中，也因为情感的不同侧重点而使作品呈现出不同的样貌，蕴含着不同的情感。以我国古代作家为例，同样创作山水主题的画作，关仝和荆浩的山水画的风格和特色均不相同。又如同样作为古代的花鸟画大家黄荃与朱耷的作品更是天差地别。其中，黄荃作为御用画家，其作品的装饰色彩较强，取材常为宫中的奇花异草。而朱耷作为明朝皇族后裔，由于国破家亡不得不隐世埋名，寄身寺庙。他的心境中常怀有孤独、愤世嫉俗之情，取材多为山间枯木和孤鸟，以表达其对于统治阶级的蔑视，抒发自己的孤傲与对现实的不满之情。由此可见，情感在美术教育中起重要作用。

美术教育中的情感是通过具体的画面色彩和形象表现出来的，因此，这种情感的表达与画面联系在一起，这就形成了历史上不同画派、不同画家作品形象的不同。画家所创作的作品形象，又是画家情感的寄托与表现。例如梵高笔下的向日葵和星空，由于其独特的观察角度和情感，而呈现出一种热烈而大胆的表现形式。又如毕加索的绘画通过独具特色的带有抽象色彩的形式表达其与众不同的情感。这种情感教育是学生在鉴赏美术作品时，理解、领会和感受作品情感的必要环节，也是学生不断提升审美水平的重要途径。另外，美术教育还具有培养学生想象力的重要作用。学生在学习绘画和鉴赏绘画作品的过程中，通过不断提高感知和领悟美的能力，增强创造力，丰富和活跃学生的思维，从而不断开发学生的大脑想象力，提升学生的创造力。而学生想象力和创作力的提升，有助于学生在绘画作品中更好地表现自己的情感，并且在鉴赏画作的过程中，能够更深入地理解画作本身所蕴含的情感，从而达到提升学生审美能力和怡情功能。

（三）美术教育可以完善学生人格塑造

人格的完善是提高学生素质教育的关键。美术教育具有完善学生人格塑造的重要作用。丰子恺先生曾说过："人们在每天瞻仰完美无缺的美术作品，不知不觉中精神蒙其涵养，感情受其陶冶，自然形成健全的人格。"这句话充分说明了美术教育在完善学生人格方面的作用。我国《美术课程标准》中明确提出美术教育的目标是"陶冶高尚的情操，完善人格"。我国高校美术教育的根本目标在于弘扬和启迪人类的人文性，塑造高品质的人格。

美术教育是一种情感教育，美术作品中蕴含着十分丰富的情感。这种情感往往是真、善、美的表现。美术教育具有塑造学生正确价值观的作用。美术作品中包含着丰富的情感，而这种情感表现出艺术家对现实生活中真、善、美的追求及对丑、恶、假的批判。学生在学习和欣赏这些美术作品，分析和感受其中所蕴含的情感时，能够在潜移默化中影响自身的价值观，从而达到完善人格塑造的重要作用。

美术教育还可以培养学生良好的意志。意志是人格的重要组成部分，是一种精神品质和心理支撑力量。意志具有独立性、持久性和忍耐性等特点。坚忍不拔的意志是当代大学生积极进取、不断发展的心理动力，也是大学生在未来成就事业不可或缺的重要保障。纵观历史上取得了一番成就的艺术家，均具有坚强的意志。而美术教育中可以通过两种方法锻炼学生的意志。一方面，美术教育可以通过对历史上美术艺术家及其艺术奋斗过程的介绍，让学生学习艺术家坚忍不拔的精神。艺术家的意志是决定艺术家成功与否的关键，但凡有所成就的艺术家都有着坚定的意志和不达目的不罢休的毅力。我国画家王冕小时候在学习绘画时，其清洗墨笔的池水都被染黑了，因此称为墨池，最终王冕成为我国历史上一位伟大的画家。另一方面，美术教育本身是从一笔一画开始学习，而画好一个事物并不容易，需要学生经过勤奋的练习才能实现目标，这本身即是完善学生人格的重要方式。高校美术教育通过美术欣赏和美术创作实践，从而达到提升学生审美体验的目的，具有提升学生认知水平和能力的重要作用。

二、当代美术教育发展和改革新途径

针对当代美术教育中审美意识和审美能力培养不足的现状，应从以下三个方面对美术教育进行革新。

（一）转变教育理念

21世纪以来随着科技进步和知识大爆发，全球已进入知识经济时代。在全球经济一体化的背景下，知识成为主导人类发展的重要力量。而在当今社会中，单一能力的培养已经不再适应社会的发展需求，只有全面提升学生德育、智育、体育和美育，才能推动学生的全面发展，使学生在具备政治素养、知识素质、道德素养的同时，还具备人文精神、艺术素养、身心素养，在掌握美术基本知识和基本技能的同时，要学习和掌握一定的艺术理论和美术史知识，只有这样才能在培养学生智育、德育和体育的同时，不断培养和提升学生的审美意识，培养学生的审美能力。这就要求当代美术教育不断转变教育理念，使教育理念符合当今社会的需要。美术教学中要以学生为中心。学生中心地位可从三个方面来理解：第一，充分尊重学生的个人尊严，落实学生在美术教育中的主体地位，还要尊重学生的生命尊严和个性；第二，美术教育中的学生中心地位，必须尊重学生在学习中的规律，让学生进行充分的独立思考和思维，以便自主学习、自主交流，并尊重学生自主学习；第三，在美术教育中落实学生的主体地位，就必须尊重学生的个性发展，培养学生的创新思维和创新能力。

在美术教育中，以学生为中心，还必须充分发挥美术教育全方位功能和作用，在提升学生美术技术和技巧的同时，加强对学生艺术教育的培养。在课程设计中，加强课程设计体系的合理性和科学性，以及课程设计与美术人才培养质量之间的紧密关系。因此，美术教育中不仅应对美术教育的一般技法和基础知识进行讲解，还应培养独特的美术思维，全面提升学生的美术审美和创新能力。

（二）重视美术教育理论的学习

美术教育中应对美术教育理论进行着重强调。美术教育既是一门技法教育，又是一门艺术实践教育，而在艺术实践的创作中，除了对名家作品的分析与鉴赏，还须加强美术理论基础教育才能不断提升学生的美术审美能力。美术作为一门艺术，其艺术理论是由一代代美术创作艺术家、美术教育家和美术批评家们从实践中一点点总结出来的规律，而重视美术教育理论的学习能够直接提升学生的美术艺术素养。对于高校美术教育来说，无论是美术专业的学生还是普通高校作为通识教育的美术教育，其学生所具备的美术理论基础知识是参差不齐且起点较低的。高校美术教育理论的学习，一方面能够统一大学生美术理论学习进度，另一方面能为学生打下坚实的教学基础。而美术教育中创新教育的培养，以及审美能力的提高等均需要建立在坚定的美术教育基础之上。否则，如果学生连美术这门课程的最基础的知识都不能掌握，根本无法辨认线条、色彩的美之所在，就无法提升学生的美育素质与能力。因此，高校美术教育中应加强对美术教育理论的学习。

（三）重视美术教育实习和实践

美术艺术是一门具有个人化色彩的艺术。教师在教学中不仅应加强对学生的基础知识的教学，还应该重视对学生的实践教学，从具体的线条和色彩的练习中把握不同光线和阴影在美术中所起的独特的审美意义。我国著名美术批评家、教育家陈传席先生曾经说过，只有技能的学习，没有理论学科的学习，不能叫美术教育，文化才能提高学生的素质，而技能则不能。重视美术教育实习和实践则可以使教师在课程上通过讲述些生动的、具体的、直接可感的视觉形象不断提升学生的感悟能力和理解能力，或通过组织学生参观、考察博物馆、各类美术文化遗迹，观摩美术展览和美术创作活动等实践活动，让学生在实践中充分理解古今中外美术造型的特点的，同时了解美术的创作规律、美术与生活各方面的关系等，不断提升学生的学习美术的兴趣，最终达到培养学生专业能力和美术审美能力的目的。

第三节 美育视域下的书法教育研究与实践

中国书法是中国艺术形式之一，也是中国美学的体现，是中国文化精神的代表，还是高校艺术教育中美育功能的重要体现。

一、高校书法教育的美育功能

当代大学生为适应社会和市场的要求，须具备德育、智育、体育和美育等各个方面的素质。高校书法教育具有培养学生全面发展的意义，主要表现在以下两个方面。

（一）书法之美的特点

书法是中国传统艺术形式中的一种，具有独特的美。书法艺术既具有实用性，还能够给人以独特的审美体验。通过书法艺术可以展现出一个人的学识、涵养与节操，寄托书法创作者的文人情感。书法之美具有其他艺术不具备的美的特点，主要体现在以下三个方面。

第一，书法的点画之美。书法在我国传统文化中是一朵奇葩，具有极其独特的美学意义。中国的汉字是一种以象形文字为主的文字，是由点画组成的。在中国数千年来的历史中，汉字书写成为一种极具表现力的艺术形式，并形成了许多不同的书法艺术表现手法。书法点画的结构不同，点画间距不同，则书法的形态也不相同。孙过庭的《书谱》中提及："画之间，变起伏于峰杪；一点之内，殊衄挫于毫芒。"点画在极其微小的距离中便发生了变化。书法的点画具有节奏感，甚至具有音乐的节奏。因此，有人说一幅优秀的书法作品就是一首无声的乐曲，一点一画都是音符，这些点画共同组成了一首和谐的乐章。书法讲究运笔，不同的笔锋和转笔有急有缓，有停有转。近距离欣赏一幅书法作品，可以鲜明地感受到书法中透露出来的鲜明的旋律感。

第二，书法的结构之美。书法的结构之美是书法表现意境的主要方式，也是欣赏书法美的前提。中国汉字的结构具有左右结构、上下结构、内外结构，还有半包结构、全包结构等。书法的结构之美表现在俯仰、转侧、向背、参差等多种规律方面。不同结构和点画之间的组织，构成不同的角度、方向，从而形成不同的字势。中国汉字虽然讲究横平竖直，然而其写出来的字体却并不显得呆板和拘谨，而是具有不同的意境。中国的汉字并不是点画的随意拼凑，而是使用不同的点画和结构展现出汉字的精气神。不同点画按照一定的结构组合起来，形成了一种不同的情调，而同一个字的结构，使用不同的书法的造型写出来则会呈现出不同的韵味。例如颜体楷书外紧内松，展现出一种雄劲宽厚之美；柳体则是外松内紧，展现出一种挺拔俊秀之美。由此可见，在书法创作中，字体的结构并不是一成不变的，而是根据书写者的性情、心境和布局章法随势而生。

第三，书法的意境之美。书法虽然不似绘画，然而一幅好的书法作品也会表现出一定的意境。蔡邕曾言道："书者，散也。欲书先散怀抱，任情恣性，然后书之。"早在数千年前，我国古人就通过书法来表现一定的性情和心境，即书法作品所体现出来的意境。这种意境，通过作者对字体结构的把握，以及书法整体的篇章结构、题跋、盖章等表现出来。哪怕是同一位书法家的同一篇作品，不同的心境、环境、状态下创作出来的作品其意境也不相同。

（二）高校书法教育的美育特点

书法教育被纳入高校艺术教育后，受到广大学生的欢迎。书法艺术的美与其他形式不同，书法的美育功能也具有别样的特点。

第一，书法具有中国传统文化的传承功能。中国书法是中国传统文化的核心组成部分。这不仅与书法本身的文化特性有关，还与汉字有关。汉字是世界上起源最早的文字之一，在中国传承了数千年的时间，其间从来没有中断过，创造了世界文字史上的奇迹。书法作为一种以汉字承载的文学艺术，既具有艺术的一般特性，又具有实用性。在中国书法文化史上，历史上著名的书法作品也是一种记载着重要文化或事件的作品，与中国传统文化之间存在着千丝万缕的关系，蕴含着十分丰富的传统文化。我国书法史上的著名作品也是我国文学或文化史上的著名作品。例如东晋书圣王羲之的《兰亭序》中作者的气度、风神、襟怀、情愫，在这件作品中得到了充分表现，被称为王羲之书法艺术的最高境界，甚至被喻为"清风出袖，明月入怀"。而兰亭聚会也是文学史上一件广为称颂的雅事。这次聚会上所作的《兰亭集》是一本由37首诗组成的诗集，而《兰亭序》本身还是一篇脍炙人口的优美散文。又如颜真卿的《祭侄稿》作为一篇祭文，创作于唐代"安史之乱"时期，不仅反映出当时战争的残忍，也表现出颜氏一门忠烈的风骨。这篇祭文坦白真率，是以真挚情感主运笔墨，体现出颜真卿激情之下，不计工拙，无拘无束、随心所欲地进行创作的典范。又如苏轼创作的《黄州寒食帖》是我国三大行书书法帖之一，具有较高的书法艺术价值。而此帖的内容则是一首诗，是苏轼被贬黄州第三年的寒食节所发的人生之叹。其时，苏轼在惆怅、孤独中创作的诗歌的意境也十分苍凉多情，表现了苏轼的一种独特的心境。受诗歌意蕴的影响，这一书帖写得起伏跌宕、光彩照人、气势奔放，而无荒率之笔。古人在练习书法作品时，常常使用常见的文化经典作品，而书写的过程也是对我国传统文化进行了解的过程，从中感受到中华文化的博大精深和所传递的精神内涵，在潜移默化中使学生接受了中华传统文化的洗礼，使学生的道德情操受到熏陶与影响，并在此基础上可使学生养成一种既适应社会又有利于人格培养的人生观与价值观。

书法艺术中所蕴含的独特的美学意蕴，也具有极强的中华传统文化色彩。中国书法中书体的变迁，与不同时代的政治、文化和社会背景有关，其中包含着儒、释、道等古代哲学思想，以及我国历代先贤的思想形态。因此，任何书法作品都无法脱离中华传统文化而独立存在，更难以流传至今，而书法教学则可以通过学习书法来对中华传统文化进行了解，用正确的审美观和世界观来面对生活。

第二，书法能够培养学生良好的品性。中国书法的学习是一个十分漫长的过程，并不是一朝一夕就能完成的。学习者必须有坚韧的毅力与持久力，通过日复一日的研习才有可能有所成就。中国历代大书法家均经过数十年的练习才获得一定的成就。例如王羲之自幼拜当时的书法名家卫夫人为老师，并坚持练习："十二见前代《笔说》于其父枕中，窃而读之。"之后，他按照《笔说》上所讲的用笔方法日夜勤加练习，终于其字有了巨大进步，连老师卫夫人都感慨，王羲之照那样练下去，必然有一天会超过她的成就。果然，王羲之长大后成为一代书圣。书法教育是一种十分独特的教育，其中蕴含着独到的技巧，如果没有名师指点，单靠独自摸索，那么势必要走很多弯路。就连一代书圣王羲之也是在读了《笔说》之后，按照上面的方法练习，才"不足盈月，书便大进"。由此可见，在书法教育中名师的指点尤为重要。书法作为一种独特的艺术创作，其创作过程中蕴含着创作者的思想、人格与境界。因此，教师在对学生进行书法教学时，无形中将自己的良好的道德品行传递给了学生，使学生在取得书法艺术进步的同时，提升了自己的道德品行。

书法的学习还需要有细致的观察力。学习书法时应仔细观察字体的结构，在一点一画、一撇一捺间展现出书法的魅力。除此之外，学习书法需要临帖，一幅古帖的研究是一个不断发掘的过程。临帖不是机械地临摹而不知其精妙所在，而是对字帖上的每一个字进行细致的观察，并在老师的指点下不断参透其中的奥妙，发现自己的不足。学习者每学会一字的满足感与兴奋感，正是书法学习的妙处所在。书法因其独有的学习模式，自古以来就成为古人修身养性的一种独特方法。人们在学习书法的过程中，只有聚精会神才能达到一种天地间只有纸只有字的无我境界，而只有这样才能培养出学生坚定沉稳的品格。对我国美育来说，对学生品格的培养正是美育的宗旨之一。此外，书法学习者在临帖时，达到物我两忘的境界后才能体会到书法家的品格和气魄，并学习书法中所蕴含的书法家的品格。书法的学习可以持续一生，人们一生在学习书法时的技法可能随着经历与时间的流逝而改变，但学书法时养成的意志品质却是会伴随一生的。另外，学习书法时，人们常常书写一些经典的名言名作，而这些经典名言名作中所蕴含的独特的品德和修养在长期练习中则会对书写者的心性进行潜移默化的锻炼。书法学习中，还要遵循一定的规则，例如对书籍与书房的整理，"文房四宝"的清洗与摆放的整洁有序，可以对学习者的日常生活习惯产生影响。最后，书法学习者均需要经过临帖到创新的过程，才能形成独具特色的书法艺术，而这一过程则会不断提升学生的创造力。

第三，书法能够提高学生的审美意识。书法艺术的学习可以提升学生的审美意识、认知能力和鉴赏能力。在书法学习中，学生需要临帖，而中国数千年的文化中，形成了各种各样的书帖，甚至一体多家，同是楷体也各有各的风格，一家或有多种碑帖，各不相同。例如楷书根据字体的大小分为大楷、中楷、小楷三种，大楷以颜真卿的书体为主，中楷以欧阳询、褚遂良、虞世南的书体为主，小楷主要以王羲之父子和钟繇为代表。颜真卿和柳公权的字体同属于楷体，然而颜真卿的字体看似圆润厚实，实则筋骨饱满。而柳公权的字体看似瘦骨嶙峋，实则骨力遒劲，人们将他们两人的字体特征概括为"颜筋柳骨"。因此，书法教育中初学者应该先观察历史上留传的各家各派书法大家的作品，选择适合自己的审美观的书帖，并重点练习这个书帖。练习书法的过程中，在选好碑帖后，要反复临帖、读帖、背帖，不断重复这三部曲，才能有进步。鉴赏书帖时，需要通过笔墨线条、形体结构、篇章布局来感受特定的意境，从而体会书帖中的性情和意境。研究书帖的过程也是不断提升学生审美意识的过程。我国古代学者对书法的审美进行了总结。其中，张怀瓘在《文字论》中曾说："深识书者，唯观神来，不见字形。"这说明了书法中神韵的重要作用。王僧虔在《笔意赞》中更准确地表达了书法中"神采"与"形质"的关系，"书之妙道，神采为上，形质次之，兼之者方可绍于古人"，对书法的神韵进行了妙赞，说明了书法独特的审美。书法教育可使学生发现和学习古代先贤书帖中的美，提高学生的观察能力和发现美的能力，进而不断推进美育的进程。

二、美育视野下当代书法教育的突围

进入 21 世纪后，我国高校书法教育得到了飞速发展。而近年来高校的学科建设基本完成，为我国书法美育的实现奠定了基础。针对当代高校书法教育中美育不足或存在一定缺陷的现实，高校书法教育应从以下四个方面着手大力发展书法美育功能，促进书法美育功能的实现：

第一，将美育纳入高校书法教育之中。针对我国高校书法教育的实际，须在当代高校书法教育中加强美育教育。具体来说，一方面，应创新书法教育方式。通过在课堂教学中充分利用声音、图像等现代科技手段，利用现代化媒介充分调动学生的积极性，将原来以教师为中心的书法教育，变成以学生为中心的书法教育，充分调动学生的积极性，将学生变为课堂主体。在书法教育中一切从学生的实际需要出发，充分注重学生的个性差异和不同倾向性，营造轻松愉悦的课堂氛围，建立互动教育，强调培养和发挥学生的个性，突出学生的个体差异性。另一方面，应着重培养学生书法教育中的审美理念。教师在教学中应充分听取学生的意见和建议，关注学生的情感和情绪感受，从学生对书法的认知和理解入手，在教学中贯彻因材施教的理念。教师在教学中应重视对书法文化及其背后内涵的讲解，以充分激发学生对传统文化的认同感，帮助学生完成审美情感的培养和人格塑造，以达到充分激发学生学习兴趣和审美愉悦感，以及书法和美育相结合的目的。

第二，培养学生书法审美规范。从美育视角来看，书法教育的目的不仅要培养学生正确的书写姿势、书写技能，还要培养学生规范的艺术审美。书法审美包括许多要素，其中包括书法内容、书法结构和书法风格等。在书法教育中，教师通过对学生的教学能够培养学生的审美能力，而书法的审美能力是学生从大量的练习中获得的。学生在学习书法过程中，并不是对字帖进行机械的模仿，而是一种记忆与情感的结合。学生通过对字体结构的充分了解，通过大量的训练后，即可做到记忆字帖。学生在练习记忆中的字帖时，全神贯注地投入情感，从而在书写时融入独特的情感，并通过对自我情感的升华，形成独特的书法审美，为书法创新奠定基础。我国书法大家弘一法师曾说："朽人之字所能表示者，平淡、恬静、冲逸之致也。"而这正体现了书法创作者的心理层次。在书法教育中，只有让学生充分理解书法创作中的每一种层次转换，才能促进学生的书法审美的体悟，从而进一步培养和巩固学生的书法审美规范。

第三，全面提升高校书法专业师资队伍。教师在教学中担负着传道、授业、解惑的重任。教师的职业素养高低直接关系到其教学质量高低。当前应通过加强高校教师美育素质的方式，为学生美育教育奠定师资基础。除此之外，对高校教师美育素质的培养，还可提升教师对书法教学的热情，提升教师的书法授课水平和思想高度。教师的书法美育教育可通过多种方式实现，一方面，可通过美育理论培训，全面提高教师的审美意识，从而不断提升教师的美育综合素质；另一方面，可通过举办教师书法作品大赛等竞赛活动，激励教师在比赛中发现自身不足，并弥补自身不足，不断提升专业技能，充分调动书法方面的学习积极性，并在比赛参与和评审中不断提升自身的美育水平。

第四，在多元化环境中提升高校书法美育功能。高校书法教育并非只能在书法课堂上实现，还可以通过多元化的课外活动营造积极的书法艺术学习氛围，并在这一氛围中不断地提升大学生的审美水平，实现书法美育的功能。例如在校园中定期举办多种主题和形式的书法大赛，让学生在比赛中不断突破潜力，在与他人书法作品的比较中发现自身的不足和缺陷，并在评审老师的指导下，有意识地弥补这一不足，从而不断提升学生的书法水平，培养学生的审美意识。另外，高校在教学中还可通过召开学生座谈会等方式落实美育在书法教育中的体现，发挥美育对于青少年成长的作用。另外，书法艺术与文学、美术等学科之间具有相互融合、渗透的作用。高校在进行书法教育时，可将书法与文学和美术等学科相互结合，不断提升高校书法教育的美育功能。

第四节　美育视域下的舞蹈艺术教育研究与实践

舞蹈艺术是当代八大艺术形式之一，是一种充分结合音乐伴随、规律性动作、其他道具等，塑造与构建多重艺术形象的艺术的形式。舞蹈艺术也是人类最古老的艺术形式之一，其具有其他艺术与众不同的审美功能。相应地，舞蹈教育的美育功能与意义也与其他艺术形式不同。

一、舞蹈教育的美育功能

舞蹈是一种经过人的主观现实的选择和再创造的艺术形式。而这一点决定着舞蹈艺术是一种独特的审美艺术。相应地，舞蹈教育是美育的重要组成部分，其在大学生的美育中发挥着极其重要的作用。具体来说，舞蹈教育的美育功能主要表现在以下三个层面。

（一）舞蹈教育能够满足人们的审美需要

审美需要是人类审美活动的内在动机。人类在生存和活动中产生了两种需要，一种是物质需要，另一种是精神需要。而审美需要属于精神需要的一种，是人们追求和获得审美情感的需要。人类只有产生了审美需要，才能进行审美活动，也才能进一步获得审美愉悦。当前，随着我国改革开放的不断深入，我国社会进行了深刻的改革。在这种改革中，我国社会的经济迅速增长，人们的生活水平不断提高。在国内改革大潮的影响下，我国人民的物质生活水平获得了较大满足，而根据马斯洛的需求理论，当人们逐渐实现物质需求后，人们就会朝着追求精神需求的方向发展，追求精神的满足。而舞蹈作为传统艺术形式中的高雅艺术，能够起到满足和提升人们审美需要，满足人们精神需求的目的。从这一角度来看，舞蹈教育在社会生活中起着极其重要的作用。

舞蹈教育能够帮助人们在学习中获得最基本的舞蹈审美意识和舞蹈审美能力。人们在学习舞蹈的过程中，不仅可以体验到舞蹈艺术的美，还可以从中达到健身、锻炼身体、重新塑造形体，以及培养气质等目的。这些目的的实现，能够为人们带来益处，如受到周围人的表扬或奖励等。由舞蹈学习而带来的这方面的益处，又会反过来影响学生学习舞蹈的主观性和积极性，起到积极强化的作用，通过这样的积极强化，不断激励人们学习舞蹈，可不断对舞蹈审美产生积极的心理作用。这种由舞蹈教育而产生的积极审美心理，一方面，促进舞蹈学习者不断精进自己的技艺和技能，不断提高舞蹈艺术水准，同时审美能力的提升，使舞蹈艺术学习者具备舞蹈创新和创造能力；另一方面，促进人们在生活中向上向善，通过舞蹈学习，人们的审美素质得到了整体提高。而这种审美素质体现在生活中，则是人们对个体行为进行不断修正，全面提高个体在生活中的审美素质。

（二）舞蹈教育能够培养学生正确的性别审美观

改革开放以来，随着各种思想和观点涌进我国，尤其是进入 21 世纪以来，随着世界经济一体化的深入发展，以及互联网技术的普及，青少年受到各种思潮的影响，如果不注意及时引导和修正极其容易导致青少年的审美走向歧途。例如近年来社会"中性美"的性别审美十分流行。所谓中性美，并不是一种自然性别，而是男性美与女性美的"中间产物"。中性美的流行，一方面，表明我国现代社会思想极其开放和包容，可以让人们充分发挥其个性；另一方面，在一定程度上也表明了现代审美的一种性别的异化方向。这种中性的审美思潮是一把双刃剑，在社会生活中能够产生两种完全相反的作用。

舞蹈教育正是一种能够引导学生培养正确性别审美观的艺术。舞蹈艺术是通过肢体运动展现美的艺术。而在传统的舞蹈艺术中，无论是哪种舞蹈类型，男性与女性舞者的舞蹈动作都具有较大的不同。女性舞者的舞蹈动作相对柔美，而男性舞者的舞蹈动作相对阳刚。因此，舞蹈教育中会通过舞蹈技能的训练和舞蹈鉴赏，不断强化青少年的性别观念，让青少年建立起正确的性别审美意识。在舞蹈艺术中，既有单人舞蹈又有双人舞蹈、多人舞蹈等，而不同的舞蹈形式对学生舞蹈艺术的要求不同，导致学生从多个方面和角度对舞蹈中的性别美进行深刻的体会，促进学生正确的性别审美观的形成。

（三）舞蹈教育能够完善学生的审美心理

所谓审美心理，是人类一种非常复杂、非常短暂、最玄奥莫测的心理活动。当人们接触到某一具体的审美对象时，从物理信息到生理神经信息，再到心理信息、审美信息的转变，审美心理十分复杂，整个过程十分短暂且难以为人所察觉。但是，人们通过一定的教育和培养仍然可以对审美心理进行把握，而要把握审美心理，首先要了解审美心理的构成和变化。审美心理是由需要、感知、情感、想象、理解多种心理因素协调运动的心理活动。一般情况下，舞蹈审美心理需要经历审美感知、审美体验和审美创造三个具有递进式关系的心理过程。

审美感知是指主体运用审美感官去观察审美对象的外观形式，把有关形式信息摄取到头脑中来。具体到舞蹈艺术中来，审美感知是在对舞蹈艺术进行鉴赏中通过五官感受，对舞蹈者的动作、服装的款式与颜色、音乐的旋律与节奏等进行观察，并将观察结果传输到学生的大脑中去，从而获得审美感知。不同舞蹈类型所带来的审美感知不同，因此，在舞蹈教育中，通过大量的、多层次、多类型的舞蹈艺术欣赏和鉴赏，可以不断培养和提升学生的审美感知水平，让学生发现并理解舞蹈艺术的和谐之美。

所谓审美经验，当人们的审美感知注意力对审美对象形式的动态扫描后，美感运动也就进入由表及里的审美经验过程。由此可见，审美经验是一种独特的心理过程。在舞蹈教育中，通过大量的舞蹈艺术练习、舞蹈艺术鉴赏，可以形成舞蹈审美经验，进而培养和完善学生的舞蹈审美心理。

所谓审美创造，是依赖于想象来实现的，而审美想象就是在感性经验的基础上开拓新的意蕴、构筑新的表象的心理过程，但其最终目的是创造富于独创性的意象。舞蹈教育并非对学生舞蹈技能和技巧的一种训练，而是让学生通过大量的练习，在培养学生的审美能力和基础舞蹈理论的同时，培养学生的审美创造能力。这种审美创造能力的培养，需要依托于创造性的审美想象和独特的审美体验。舞蹈教育中对学生审美创造能力的培养过程，也是不断培养和完善学生审美心理的过程。由此可见，舞蹈教育在学生的审美教育中起着极其独特的作用。

二、美育视野下当代舞蹈教育实践的应对

从美育视野来看，当代舞蹈教育应采取必要措施，全面提升我国大学生的审美素质。

(一) 转变舞蹈教育理论，跳出传统舞蹈教育的束缚

高校舞蹈教育应该挣脱传统舞蹈教育的束缚，加强人文素质教育，从而不断提升高校舞蹈教育的审美素质培养。这具体可通过以下两个途径完成。

第一，充分挖掘特定舞蹈艺术种类的特征，加强文化教育。高校舞蹈教育中通常传统按民间舞、古典舞、国标舞等舞种进行分类并开设相关课程，在教学方法上则通过专业化的舞蹈动作传授和舞蹈组合练习为主，注重舞蹈技能和技巧训练。舞蹈艺术作为世界上诞生较早的一种艺术形式，在历史长河的发展中形成了丰富的舞蹈文化和多彩的舞蹈种类。每一种舞蹈种类都形成了独具特色的舞蹈文

化，而这些舞蹈文化与舞蹈技艺共同组成舞蹈艺术。在舞蹈教育中，针对特定的舞蹈种类，应在传统舞蹈教育中重视舞蹈技能和技术培养的前提下，加强对舞蹈文化的培养，让学生在学习相应种类舞蹈技术的前提下，加强对相应舞蹈种类文化背景知识的了解。例如复旦大学的"中国民族民间舞表演与欣赏"属于综合高校中开设的一门民间舞蹈课程的鉴赏课。在这门选修课程中，教师除了对舞蹈技能本身的介绍外，还增加了许多民族舞蹈相关的文化背景知识。这些文化背景知识的讲解，使学生更加了解民族舞蹈在我国文化中所具有的独特艺术地位，从而在民族舞蹈的学习中掌握其要点。另外，针对我国高校综合院校中对舞蹈选修课程的性质，相关舞蹈专业教师应在教育和教学实践中摸索出面向所有学生的、符合大学生年龄段身心条件的、适合通识舞蹈教育需要的基本的舞蹈技艺水准，并且将舞蹈技能教育与舞蹈文化结合起来，充分发挥高校舞蹈教育的审美水平。

第二，重视舞蹈艺术鉴赏，加强舞蹈艺术审美体验。舞蹈艺术是一门以舞蹈动作来展现形体美，从而使观众获得美的享受的艺术。舞蹈艺术教育中应注重培养和提高学生的舞蹈艺术鉴赏水平，加强学生对舞蹈艺术的审美体验。无论是舞蹈技能培养还是舞蹈艺术鉴赏，均离不开对学生动觉的培养。所谓动觉，同视觉、听觉、触觉和味觉一样，是一种与心灵、精神密切相关的知觉。舞蹈艺术是一种有节奏的、夸张的、有趣味的、有美感的动觉艺术，同时从欣赏的角度来看还是一种视觉艺术。动觉的培养不仅能够使学生在学习舞蹈技能中更敏锐地意识到舞蹈动作的韵律和节奏之美，还能够有效增强学生的体能，协调舞蹈动作。在舞蹈教育中，培养学生的动觉，一方面，应重视舞蹈实践教育，在舞蹈实践中通过对具体动作的掌握不断提升学生的动觉的敏锐性；另一方面，在高校教育中应对舞蹈教育中单纯的鉴赏和史论教授的课程进行调整，建立实践与理论相结合、舞蹈技能与舞蹈文化相结合的教育思路。

（二）创新高校舞蹈教育模式，增强舞蹈实践

高校舞蹈教育中，针对舞蹈教育课程设置不完善、不合理的情况，应该从以下两个途径入手，重新建立起相对较为完善的舞蹈课程。

第一，提高课程设置的人性化水平。高校舞蹈教育中开设的课程具有门类众多、教学内容重复、课程设置不合理等现象。针对这种现象，高校应从学生需要的角度出发，充分发挥课程设置的人性化，提高课程设置的务实性，从学生可持续发展的角度调整高校舞蹈课程，使舞蹈教育不仅有益于学生的当下，还有益于学生的就业，有益于学生未来的长远职业发展和身心发展。为此，高校在设置舞

蹈课程时，一方面，应对课程进行调整，减少重复性和过于细碎的知识体系，不要简单地让学生接受舞蹈某一门类或者理论，而是本着让学生学习到更加系统的舞蹈知识的思路调整舞蹈课程；另一方面，要加强人文知识课程的设置比例，让学生在接触舞蹈的同时提高审美素养，感受舞蹈的审美价值，通过不断提升学生的舞蹈审美价值，培养学生的舞蹈创作和创新能力，通过舞蹈排练来锻炼学生的组织能力，提升学生的审美素养，进而增强学生自信，让学生成为一名对社会有用的人才。

第二，注重开展舞蹈艺术实践。舞蹈实践是课堂教学的诞生，是理论与实际的契合点，是锻炼学生艺术能力不可或缺的环节。高校舞蹈教育中，除了培养大学生的舞蹈技能外，还应通过广泛开展舞蹈教育实践提升学生的舞蹈整体素质。舞蹈实践在舞蹈教育中不应该是孤立存在的，应与舞蹈理论和舞蹈技能的学习相联系，从而达到相辅相成的目的。高校舞蹈教育中，根据学生所处的年级和所学内容应对艺术实践计划进行具体制订，从而全面提高学生的舞蹈艺术综合素质。例如大一的学生可以先从理论学习，充分认识到舞蹈艺术实践开展的必要性；大二、大三的学生就要参加具体的艺术实践课程，训练舞蹈创作、舞蹈编排能力，运用所学舞蹈知识来参与学校与社会的各项艺术实践；大四的学生要进一步锻炼其创造力，更好地利用艺术实践平台提升自己的专业素养，为今后就业做好更加充分的准备。舞蹈艺术实践具体可通过教师组织和校园社团组织等形式广泛开展，还可通过与社会相关平台合作，为学生提供更大实践舞台，让学生及时将所学理论和技能运用到实践之中，从而达到不断锻炼学生的知识运动能力的目的，大力培养学生的综合艺术素质，在实践中锻炼和提升学生的审美素质。为了保障高校舞蹈教育中艺术实践的落实，学校可通过建立完善的艺术实践激励评价机制，全面确保艺术实践课程的效果，使艺术实践在提升学生舞蹈素质方面真正发挥作用。

（三）优化高校舞蹈教育师资建设

舞蹈教育是一门专业的艺术教育，需要专业教师对学生进行技能和审美的双重指导。高校舞蹈教师不仅应具备精湛的专业舞蹈技能，还要有深厚的文化底蕴和人文素养，以及良好的道德品质和美好的情操，具有崇高的理想，对学生产生积极、正面的影响。当前，我国高校舞蹈教育师资队伍普遍存在师资力量不足、师资素质不高、缺少高素质舞蹈教育人才的现象，对此，我国高校舞蹈教育中，应对师资队伍进行优化，加强建设。

　　具体来说，一方面，应加强高校舞蹈教学师资队伍的培养，高校可通过聘请专家讲学、开展教师观摩等形式加强对教师的培训，还可在学校中鼓励教师开展在职或脱产学习，不断提升高校舞蹈教师的整体素质；另一方面，应充分发挥高校舞蹈教师的主观能动性，通过鼓励舞蹈教师找出自身存在的不足和缺陷，并有意识地通过相关的知识学习提高教师的整体艺术素质。另外，在高校中教师还应通过对学生学习需要和学习规律的了解，制定出合理的、符合社会人才培养和学生期待的课程，不断创新教学方法，从而不断培养和提升学生对舞蹈课程的兴趣，使学生在愉快的学习中完成舞蹈知识的学习，不断提升学生的舞蹈综合素质。

第七章　高校美育教育创新实践

第一节　高校美育教育与大学生心理健康
教育协同发展实践

一、美育对于大学生心理健康教育的积极意义和美育意义

同心理健康教育的目的相近，都是为了培养拥有美丽心灵，拥有健全人格之人，在大学生心理健康教育课程中融入美育，以多种多样具有美感的浪漫的教学形式，引导学生，以美育人、以文化人。帮助大学生陶冶情操，舒缓情绪，增加自信心，同时使学生能在审美鉴赏下有所扬弃，学会选择与学习。在课堂的文化和实践教学中，学生还可以拓宽视野，学习更多的知识和技能，学习如何培养兴趣、掌握语言艺术、进行人际交往等等，将美融于生活之中，一个心理健康的大学生即使在逆境中也能拥有一颗热爱生活的心，仍对未来充满兴趣和希望，能够有正确的人生观、价值观。美育对于大学生心理健康教育的积极意义，具体还体现在其积极预防方面。大学生在面临交友、毕业、找工作、谈恋爱等问题时可能会有一些负面情绪，有些学生还要承受家庭所带来的压力，可通过谈话、关心等辅导方式外，将美育与大学生心理健康教育结合，通过美育，从长远的角度上对大学生，尤其是有困惑且需要特殊关注的学生进行教育，感悟生命的美好，生命的意义，从而敬畏生命，珍惜生命。长期熏陶下，这些都将有助于学生培养高尚情操，拓宽眼界，提高觉悟。美育，虽然有其特有的艺术表现形式，但美育绝不仅仅局限于这些技术性、专门性的教育之中，而是应当更多地渗透进学生的各方面教育与生活中，借助美的力量，净化心灵，将美德与道德真正内化为学生心中的信念。

二、审美教育在大学生心理健康构建中的重要意义

（一）审美教育是健全心理结构必不可少的因素

健康的心理首先取决于健全的心理结构。心理学的基本常识告诉我们，人的心理结构包括知、情、意三部分。"知"，指认识客观对象的规律性、必然性的能力。"情"，是主体对劳动实践成果艺术的观照态度而产生的一种肯定性的情感评价，即指审美能力。"意"，则是反映主体的意志、愿望的意志力。认识能力、意志力和审美能力都是人类通过劳动实践所获得的掌握世界的能力，是人类区别于动物的特有的心理机能。而审美能力则兼具认识能力和意志能力的特点，处于二者的中间地位成为其中介。作为一个身心健康、健全发展的人，这三种心理机能都必须具备，缺一不可。缺少了其中的任何一个方面，人的心理就将失去平衡，其他两个方面的心理功能就将受到抑制。而由于审美能力具有中介和过渡的特点，就更加不可或缺，少了它，心理结构便无法平衡，人的健全发展必然受到影响。

审美教育以培养审美能力为基本任务，从直接影响人的情感入手，着眼于人的个性心理发展，因而主导着人的心理结构向完整性、平衡性与和谐性发展。美是一种心灵的体操，它使我们精神正直、良心纯洁、情感和信念端正；相反，人若长期脱离审美，必将脱离心理发展的平衡性、和谐性与完整性。如果这种心理不平衡长期得不到补偿，发展到极端，就会使人变成机械的人，甚至导致人格崩溃、心理变异。

（二）审美教育是培养良好心态的重要手段

良好的心态是心理健康的重要标志，健康不仅仅是没有疾病，而且是身体上、心理上和社会上的良好状态和安全、安宁。良好的心态即和谐、稳定的心理状态，是人与自然、人与社会、人与自身所形成的一种和谐平稳的相处关系。综观各种社会现实，我们可以发现，良好心态的养成既要以健康的情意品质为基础，也离不开高尚的精神境界。审美地生存是使人与自身、人与外界维持和谐协调的出路。

美的本质在于平衡与和谐，美育具有促进心境平和的天然品格。审美教育通过熏陶、感发、作用于人的感性的、情感层面，对人进行美化自身的教育，从而影响人的情感、气质、性格、胸襟，对人的精神进行激励、净化、升华，使人具

有一颗丰富而充实的心灵，并渗透到整个内心世界与生活中去，形成一种自觉的理性力量。这是其他教育无法做到的。

（三）审美教育是学会心理调适的有效途径

健全的心理结构，良好的心态是身心健康的基础，但生活在社会环境中，人与人之间的距离、人与社会的对立等都极易加剧内心的失衡、情绪的堆积，造成心理扭曲和病态。这个时候，个人的心理调适能力就显得格外重要。

人是社会性的存在，必然要受制于一定的社会关系，审美教育就是通过审美这一渠道，使个体的心理体验与社会相互作用，在审美聚会中，使人与人、人与社会间的隔膜、紧张得到缓解、削减。大学生正处于青年社会化过程之中，随着他们对社会了解的不断深入，对社会的某些不公平现象有了更直接的感悟。由于其耳闻目睹的社会现实与少年时代逐渐形成的社会理想有一定的差距，难免使他们产生愤激情绪，从而造成心态的不稳定甚至失衡。而审美教育正好可以通过其特殊的手段，使愤激情绪得到宣泄，获得情与理的调和，最终起到心理净化作用。

生存本身就是不息的痛苦，要摆脱痛苦只有通过艺术的审美欣赏，人们在审美观赏中得到的享受和安慰对于观赏者可以起到一种"补偿"作用。在我国古代的教育文献中，也经常强调音乐和诗歌等艺术能使人"耳目聪明""血气和平"。

所以，审美教育可以通过对大学生情感的净化、情绪的疏导，调整其社会化进程中出现的消极心态，使大学生的情绪和理智处于和谐的运行状态，为保护大学生的生命活力，构建积极健康的心理品质发挥巨大作用。

三、以美育促进大学生心理健康教育

大学生心理健康问题近年来受到社会各阶层的日益深切的关注，从学校到社会，从基层到中央，都致力于促进大学生的心理健康。但目前的重心多落在预防和矫治心理问题与疾病上，很少想到去建构健康的大学生心理，陶冶大学生的心灵，完善和提升大学生的人格。而在这方面，有着悠久历史的美育无疑是极其有效的。

（一）人格心理结构的完善

大学生心理健康的基本的重要的标志就是人格完善；换言之，心理障碍、心理困扰甚至心理疾病首要表现就是其人格心理结构的分裂和缺失。而美育则能有效地实现人格心理结构的完善。

在真正的审美活动中，主体与对象之间的各种有形或无形的障碍已被拆除，疏离得以消失。而审美对象，无论是艺术美还是自然美、社会美，无论是色的和谐还是线的流畅还是音的绵延，总是因其完整性、丰富性、有机统一性而具备了典型的完善的生命形式，体现了生命本质，是内在生命的感性显现。于是，主体生命实现了与对象相同构、相一致的丰富性、完整性、有机统一性，获得了一种具有节奏性、平衡性、和谐性的完善形式。这种形式作为漫长进化史、文明史的积淀，调节着人的感觉、知觉、想象、情绪、情感、思维、理解等各种心理能力，使它们处于既相共存又相融洽的自由和谐状态。而这，正意味着主体人格心理结构的完善。

（二）心理调适能力的加强

有效地实施美育，使大学生长期全身心地处于审美情境之中，形成审美的人生态度、审美心胸，会大大增强其心理调适能力，大大提高其心理健康水平。

审美活动意味着精神的解放、超越、自由。当客观规律性（真）与主观目的性（善）高度统一、主体在实践中展示自由、对象成为对主体生命的肯定、对象的形式成为主体的生命形式，主体与客体便形成审美关系。这时，主体便处于审美情境之中，其精神便呈现为解放和超越的自由状态：其一，摆脱功利欲求、生理快适的羁绊而向着心灵层次净化；其二，超越主客对立的界限而向主客混合的境界升华；其三，超越具体特定的时间、空间、情境，突破现实有形物的规定性、明确性而趋向于无限性、不确定性，达到对宇宙本体层次的领悟和自我生命最深层次的玄妙体验；其四，由于审美对象的形式具有人类生命本质和生命形式的普遍性，因此，审美活动可以使主体精神超越个体或族群的偏狭性而达到最大的自由。自由是一种尺度，是主体生命本质的实现程度，是主体对客体的支配程度。审美活动使这种尺度实现最大值。

通过美育而形成审美心胸、以通脱的心态去面对现实人生、不失时机地调节情绪状态和意志因素，便能及时有效地克服心理障碍，保持心理健康。

（三）自我实现欲的激发

审美心理活动，就过程而言，最突出者是直觉、想象、体验；就结果而言，是主体生命潜能的充分唤醒和激活。

　　直觉，含意有三：第一是整体性，即对象呈示于主体的是其有机联系、浑融为一的总体，而不是经过知性分解的零碎断片，主体对对象的观照、接纳也是以其全部心理机能而不是单一的某种心理机能；第二是直接性，即舍弃知性活动中寻根索解的一系列中介环节，无须抽象、概括、推理、"为什么""怎么样"之类的探究和演绎；第三是非自觉性，即主体对对象不是经过思索过后再判定其美，而是知其然而不知其所以然地感到美，产生愉快。

　　想象，要素有三：第一是表象。表象是外部形象在主体心灵的存留和复现。无论是听觉表象还是视觉表象，都不曾摆脱相应外部形象的丰富性、可感性、生动性。正如逻辑思维全过程就是抽象概念的操作过程一样，审美活动的想象过程是表象的运动过程，因而，想象过程一直保持着表象的丰富性、可感性、生动性。第二，相当于逻辑思维中概念的运动操作形成判断、推理，在想象过程中表象进行着两种运动操作。第三，相当于概念的运动操作必然遵循理性逻辑，表象的组合必须遵循着情感逻辑，因而表现为随心所欲。由于这三方面，审美想象具有极大的主观性、能动性、创造性。

　　体验，就是主体心灵与对象的完全契合。一是主体必须完全摒除任何意欲的干扰，化解和消释意识中的自我；二是主体心理机能与对象构成要素的紧密对应：对象的感性特征只能为主体的感知力所接受，其深层意蕴只能为主体的理解力所领悟，其形式结构只能为主体情绪所感受，任何人都不能在对象上发现自身内部生命所没有的东西。主体与对象之间的这种对应、同构，意味着在对象上所感受到的其实正是主体内心世界情感的形式、生命的律动，这是一种自我发现、自我确认。

　　由上述对直觉、想象、体验的分析可知，审美活动中主体对对象的观赏、感受、领悟，其实正是对自我生命本质的发现，是让自我的生命潜能由无意识的沉睡状态而被唤醒、激活。如果说，作为审美活动，无论是欣赏还是创作，都是创造出一个全新的审美对象，那么，与此同时，主体内在生命中沉睡的被唤醒，潜藏的被激活，与对象相应的主体机能充分实现。从而主体得以在他所创造的世界中直观自身，在对象上感受到被审美活动所唤醒和激活了的自我的生命本质。这正是审美活动激发自我实现欲的深层机制。

　　人们对大学生心理健康列出的无数条标准，可以高度概括为"生存""发展"两大方面。而"发展"问题，诸如"充分发挥潜能""保持创造冲动""自主性""自信心""成就感"等等，也就是自我实现问题。充分体验到自我生命本质的光辉灿烂，直观到自我心理潜能的无限活力，必然强烈感受到自我生命的价值、意义，领悟出生命的高贵、美好，便会自然而然地形成并保持实现生命价值的激情冲动。一个具有审美心胸的人，会时时保持对生活的浓厚兴趣，对前程的美好憧憬和坚定信心，会经常出现灵感、妙悟，喷涌着展示自我、实现自我、创造新事物、追求新世界的强烈渴望。

大学生这一特殊群体的显著心理特征之一是"灵敏"。他们是时代特征最灵敏、最准确的任何细微特征和变化都得到他们最灵敏的感应。因而，大学生在心理方面的障碍、困扰、疾病，其成因远远不仅在于他们自身，而更在于他们所赖以成长的微观和宏观的特定环境。因而，"以美育促进大学生心理健康"，就是一个旷日持久的全方位的系统工程。

第二节　高校美育教育与大学生创新创业教育融合实践

一、大学生创业教育的重要性

（一）大学生创业教育可以促进科研成果的转化与创新

在当今社会，科技成果的主要来源是高校，反映出高等学校是国家科技原始创新的主战场。在校学习的大学生，可以直接得到老师的指导，能够直接参与到老师的研究课题，可以在专业老师悉心指导下实验和学习，他们可以更加直接地学习领悟到这些科研成果，可以更加直接地研究其中心的科研思想。大学生在创业时也会最先考虑从这些科研项目中寻找灵感。

大学生创业可以促进科研成果转化到生产实践中来。在创业过程中通过对创新技术的实际应用，可以对科学研究进行合理的修正，进一步检验和提升科学理论。如果大学生创业教育要发展，就必须激励他们进行创业活动，在实践中不断促进新技术的转化，进而促进高校的科学研究，催生新一批的科研成果。高等学府应当下大气力做好学生的科研培训教育工作，培养学生积极参加科研的兴趣，培养学生科研的能力，鼓励学生参与课题的立项以及成果的转化。同时要提高他们的创业意识和创业能力。在指导学生开展科学研究的过程中，教师要因地制宜地根据学生的实际情况培养学生的创业思想和创业能力，使学生能够更好地掌握技术本领，为科研成果的转化和推广做好充分准备。

（二）大学生创业教育使高等教育具有经济价值

高等教育应该是培养大量人才的，人才的作用就是为社会市场经济服务的。所以高等教育相应具备经济的功能，这是时代发展到今天赋予它的必然价值。所以说高等教育是脱离不了社会市场经济的，社会市场经济也受高等教育的作用和影响，高等教育直接或间接地影响社会生产和市场经济活动。

大学生创业教育的产生、发展以及实施，是高等教育适应时代发展、顺应市场经济潮流变革的必然选择，也是社会市场经济发展的必然选择。在市场经济条件下，社会生活的原动力和内驱力主要来自广大市场活动主体的创业行为。大学生创业教育就是着眼于培养和提升大学生的创业意识、增强和提高大学生的创业能力。由此，大学生创业教育就成了发挥教育的经济价值和实现经济驱动的重要途径。创业型人才是能够把知识转化为产品、服务等有价值的人才，是能够把知识转化为生产力的人才。

大学生创业教育就是充分地重视知识运用到实际的效果并且提升到一定高度的教育模式。正是这样的教育模式，充分发挥了高校在市场经济中的经济价值，提高了高校对社会经济生活的影响力。在经济全球化的国际形势下，我国经济进一步对世界开放，国内的市场将加入全球市场中，将会进一步促进我国的经济发展，提高我国人民的生活水平。大学生正处于人生的黄金时期，是具有强大的活力和创造力的群体。他们的创业行为不仅会给我国实现现代化和全球化带来更为深远的影响，也必将给世界的经济发展带来深远的影响。

（三）大学生创业教育有助于推动经济发展

大学生创业可以加速新兴行业的发展，市场新兴行业出现的一个重要原因是社会新的消费需求。正是因为新需求的推动，刺激了消费欲望，催生出新的消费热点，助推了社会经济的快速发展。

第一，大学生创业有利于促进经济发展模式的创新。大学生创业教育的开展有利于提升人力资源特质，为创新经济发展模式提供人力资源。在新型工业化进程中，促进国家和区域的创新体系，必然要求加强对传统产业的改造和升级，以及深化和加强对高新技术产业和新兴产业的培育和发展。与此同时，科技兴国和人力资源战略的较量也在全球化的背景下要求中国创新经济模式的发展。所以，开展大学生创业教育可以为经济发展和社会进步注入新的活力，提升创业教育质量，并且提升产业优化升级的品质，创造经济发展的新模式。

第二，大学生创业有利于促进社会经济的快速发展。从某种程度上来说，经济的增长在很大程度上得益于创新型中小企业的发展，这些中小企业在创新发展中吸纳了大量的高校毕业生和社会剩余劳动力，成为社会经济发展的新增长点，并且为社会提供了大量的劳动产品和必要的社会服务，从而促进中国经济健康、持续和高效增长。所以说，大学生创业为经济的可持续发展提供动力。事实上青年创业不仅对本国经济有着促进作用，而且对全球的经济发展都起到了重要的促进作用。

（四）大学生创业教育体现了高校对学生日后生存发展的人文关怀

唐代大文学家韩愈在《师说》一文就指出教育除了教人做人以外，最大的责任是传授别人生存做事的本领。总之，教育要为学生将来的学习、生活和工作而服务。高等教育的学科划分越来越细、越来越具有专业性，然而这样还是不够的。为了适应社会的发展需求，高等教育应该更具有市场性、职业性，而不能脱离社会的需求、让大学生一毕业就失业或者"被就业"。

大学生创业教育是不但教授学生如何获得创业知识，而且教授学生怎么去开创事业的教育模式。开拓事业就是找到生存之道、发展之道。从某意义上来说，大学生创业教育不是简单的知识灌输，而是本着为社会和学生的未来负责的精神、对学生日后的生存和发展谋出路的原则来指导学生、培养学生。可见，创业教育是符合以人为本理念、对大学生充满人文关怀的教育模式。帮助立志于创业的大学生进行人生定位和规划，为学生未来的发展提供契机和动力。

大学生创业教育的主要优势是从社会实际情况出发、从大学生自身的需求出发，依据市场发展的趋势和变化，应用理论和实践的多种教育方法和手段，培养大学生发现问题、分析问题和解决问题的能力，培养他们的创业意识、创业精神和创业技能。这在大学生面临严峻就业形势的今天和未来，无疑体现了一种人文关怀。

二、美育如何融入大学生创新创业教育实践

（一）创新创业教育与美育的内在联系

1. 人才培养目标存在契合性

美育与创新创业教育的目的都是为了培养德、智、体、美、劳全面发展的高素质人才，培养和提升学生的综合素质能力。高校创新创业教育的目标是培养学

生的创新创业精神和创新创业素质。高校美育是培养学生的审美意识和审美能力、提高学生的人文素质、强化学生的文化认同的教育。因此，两者的人才培养目标都是培养具备综合素质的人才。

2. 价值追求具有一致性

创新创业教育和美育都要立足当前需要、扎根于现实生活，善于发现生活中的崇高美，又要积极响应时代要求，定位于价值创造和影响力，促进社会进步和文明发展。创新创业教育和美育均可提供实践的载体和空间，又能够发挥协同育人作用，推动教育成果创造性转化和创新性发展，不断创造反映新时代中国风貌、传播当代中国价值观念、把握新时代人民精神文化需求、促进人类文明进步的精神成果，不断提升美育的实效性。

（二）美育实践与创新创业教育融合的创新

1. 构建创新创业教育与美育协同发展的育人格局

一是坚持学生的发展，坚定正确的政治方向是基础。高校创新创业教育与美育有效融合的实践路径创新创业教育和美育属于"大思想政治"范畴，必须突出德育的主导地位，引导学生坚定正确的政治方向，对国家前途命运和发展趋势多加关注，将爱国情怀融入创新创业的实际行动中。

二是将美育融入教育教学的全过程。重视实现"以美育人"的目标，增强学生的审美意识、美的创造力和创新水平。

三是要围绕促进学生个体成长和发展的目标，追求理智、意志和情感的统一，通过育人资源和育人队伍间的相互协作、协同配合，为其创新创业实践打下坚实基础。

2. 搭建创新创业教育与美育融合的育人平台

根据学生特点，积极运用学生喜闻乐见的形式，丰富和创新载体，构建一体化、创新、协同的教育平台。

一是结合计算机科学专业、大数据分析专业、人工智能等多领域专业方向，根据政策导向分析，在创新创业教育中将其结合，从而可以发挥各自专业特色优势。

二是多次在创新创业比赛中取得丰硕优秀成果。学院通过官方公众号开展创新创业技术宣传。同时强化宣传审美培养，邀请艺术类高校教师开展设计审美培养，在创新创业前期开展宣传和后期成果推广都具有较强的宣传优势，从而将创新创业和美育教育在实际应用融合发展。这些展示平台增强了教育辐射和示范引领作用。

3. 不断提高学生的审美与创新能力

一是拓展艺术载体，坚持以美育人，通过校园文化活动构建学生双创教育和美育教育的第二课堂，如建立创新创业团队、艺术社团、创新发展实践团队等。通过利用艺术的传播性和创造性，强化传播创新创业教育宣传和成果推广。

二是打造高质量的美育平台，不断提高学生的艺术素质，引导学生树立正确的大文化观，增强文化自信心，并将其转化为创新创业教育的驱动力和影响力，提升创新创业教育与美育融合的育人动力。

综上，在创新创业的大背景下，提高大学生的综合素质和综合能力，美育教育和建设发挥着关键作用。高校作为美育教育和创新创业教育的实践平台，如何将两者相结合，并在结合的基础上对创新创业有所助益也成为一种新挑战和新发展。美育作为内在人文素质和内在精神的内涵培养，是提升创新创业成功率的精神储备。二者须相互促进，相互融合。创新创业作为现阶段大学生就业渠道之一，也是现阶段就业难的重要解决途径，如何将创新创业教育普及也成为至关重要的一环。

第三节　高校美育教育与大学生劳动教育融合实践

一、新时代劳动教育与美育融合发展的逻辑分析

（一）关联逻辑：以劳育美、以美促劳

结合马克思的观点"美是人的本质力量的对象化"，也就是说在对象化的生产劳动中，人才能感知文明的可贵，才能体现人们在改造世界过程中体现的坚韧不拔、不断超越自我的精神，这也是美的重要组成部分。美是对自然中天地与人和谐的描述，而连接自然与人的纽带是生产劳动，也体现在人对自然的改造过程中，通过劳动实践来创造美、感知美、培育美。高校可以组织学生进行社会实践、志愿者服务、创新创业教育等劳动实践来加强学生劳动意识的培养，让学生体会"劳动最光荣"的审美观，激发学生的情感体验，并站在不同劳动者视角体会劳动者的情感。所以，美育是在实践劳动基础上发挥育人功能。但是从当下

高校实际美育发展来看，美育与校园文化建设、日常学习与生活、劳动实践活动等存在分离的状况，造成美育处于孤立状态，无法发挥其育人功能。因此，当下高校应该做的是正确认识美育的育人作用，以正确的育人理念重新塑造劳动教育内容。要着重提高劳动审美价值，而不是让大学生简单地去种地、浇水、打扫卫生等。要合理规划劳动审美教育的内容，对劳动审美价值挖掘到位，要让学生在劳动实践中感知美，以劳动促进美育落实。

（二）协同逻辑：从"单向育人"到"协同育人"

客观环境包含多个不同的系统，系统之间既存在一定的关联，又有着独立性。从"单向育人"转向"协同育人"是从单一育人优势向着多元优势发展，优势互补、相互作用。劳动教育侧重培养学生劳动技能和劳动素养，让学生具备适应现代社会发展的实践能力，培养学生服务意识，能够有同理心，产生对劳动人民真挚朴实的情感，从而体会劳动价值，珍惜劳动果实。美育侧重指导学生从劳动实践中感受形式美、情感美，从认识和体验美的过程中，培养学生的审美观念，提升学生的道德素养，运用美育功能浸润学生的心灵，让学生能够在实践中自觉探究和创造美。从美育和劳动教育的侧重内容来看，虽然二者有着不同的要点，在价值追求上也有很大不同，但是美育和劳动教育的内涵以及目标是共同的，二者的最终指向都是为了推动学生全面发展、健康成长，只有将二者的关系协调好，让二者能够相互配合、高效运转，才能发挥综合教育作用，实现"1+1>2"的效果。但是如果缺少对二者协同教育的认识，容易造成劳动教育与美育脱节，也让整个教育体系陷入低效运转的状态，从"五育"变为"三育"，限制了美育和劳动教育的育人价值，高校也难以很好地完成立德树人任务，促进学生综合全面发展。

二、劳动教育与美育协同育人的实践策略

劳动教育与美育协同育人可以从教育资源以及教学方法两个方面展开。一方面，资源可以为教学活动开展、教学内容优化提供支持，以学生为中心，借助丰富的教育素材，激发学生的参与兴趣；另一方面，运用什么样的教学方法会产生相应的教学效果，教师只有合理采用教学方法，安排设计好教学内容，才能发挥协同育人价值。

（一）整合教育资源

丰富的教学资源能为教学活动的开展提供素材，并借助工具、现代化设备，让学生更直观了解教学内容。为促进审美教育与劳动教育的融合，首先，教师应该做好教学导入相关准备，并利用学校图书馆以及当地社会资源，整合各类资源，赋予审美教育的形象性和丰富性，拓宽学生的知识面；其次，教师可以引导学生利用好课余时间，到图书馆或者网络平台搜集相关资料；最后，拓宽教育空间，组织学生深入自然环境，开展劳动教育活动，强化学生劳动意识，将自然界的资源作为美育与劳动教育深度融合的助力，学生在认识劳动工具、强化劳动意识、了解劳动素材的过程中，通过劳动实践获得自身发展。同时，教师还可以在学生劳动实践中渗透审美因素。比如合理设置好劳动游戏的环节，通过游戏竞技的形式，加强劳动思想价值的引导；例如举行劳动辩论会、劳动合作友谊赛、劳动征文比赛等，让学生以参加比赛为基础，进行劳动技能比拼。教育者可以设置不同程度的奖励机制，对于比赛表现良好的学生给予成果展示和奖励。另外，教师还可以组织学生参观当地自然景观，关注周边自然以及人文环境，培养生活意趣的意识，让学生了解城市环境，感受自然生态的美感，培育劳动技能。

（二）劳动实践中渗透美育

1. 感知美：带领学生欣赏美好事物

对美的意识的培养需要激发学生对美探究的兴趣，只有学生对劳动对象产生兴趣，才能有实践的欲望，由此，才能落实美育功能价值。教师可以从两个方面来落实：第一，结合客观物象，在课前就导入实践的劳动对象，并制作课件，在课堂教学中展示给学生观看，以图文并茂的形式，让学生对劳动成果学会欣赏，消除对劳动教育的抵触心理，能够站在新的思考视角正确认识劳动教育以及劳动教育与美育之间的关系；第二，采用现代化教育方式，拍摄劳动场景、劳动实践过程，选择优秀的纪录片，如《青春逆流而上》《教育强国》等，在课堂上播放给学生观看。同时，在播放时配上优美的音乐和声情并茂的解说，创设优美的情境，让音乐的韵律和歌词在劳动教育活动中加强学生心灵的互动，激发审美的情趣。

2. 创造美：引导学生进行劳动实践

新时代劳动教育注重培养学生的创造能力。在劳动实践中渗透美育，教师可以利用美育启发学生智力、挖掘学生的潜能以及对美好事物的情感感知力的功能作用，培养学生创造精神和创造能力。教师可以为学生搭建好创造美的劳动实践道路，让学生通过实践追求和创造美，引导学生掌握好科学知识，在正确的学习理论指导下开展实践。但在此之前，教师还需要挖掘教育素材，并细心指导学生，通过示范演示，并明确教育目标，让学生厘清实践思路，明白应该先做什么、后做什么，什么可以做、什么不能做，每个操作步骤都要清清楚楚。与此同时，要明确和突出重难点，对重点要解决的问题，需要加强示范指导，对于难点内容，要注重学生思维培养，在劳动实践中要站在学生立场帮助其解决困难，与学生一起动手、一起流汗。例如教师可以细化教育实践目标，打造"学农、识农"综合实践环境，实践内容和目标需要契合当前学生掌握的劳动能力，符合学生长远发展的需求和素质教育目标。一方面，教师要加强学生对农业相关问题的了解，利用学生现有资源，打造劳动教育实践基地，并规划相应的农耕体验课程，从教学内容、教学目标、教学方法等方面逐一细化；另一方面，以"除草、松土"为主题，开展植物生长的田间管理实践教育活动，以问题引导方式，让学生思考：田间管理包括哪些内容？植物生长过程中包含哪些田间管理措施？然后教师再适时提供指导，围绕锄草、松土等田间管理的技能，指导学生正确使用劳动工具，并掌握田间管理内容，如间苗、施肥、灌溉、除草等。

3. 塑造美：拓宽劳动教育范围

美是道德的外化。在劳动教育中渗透美育，有助于培养学生健全的思想道德，规范学生的思想行为，培养良好的习惯，塑造美好心灵。但是如何在劳动教育中更有效地渗透美育，需要教师结合劳动课程规划和教育目标，将美育思想寓于劳动实践中，潜移默化地影响学生的思想和行为，做到思想与实践的统一。一方面，教师可以将教育目标向家庭方向拓展，如洗餐具、做家务等家庭生活类的劳动，还可以进行生产性劳动，如栽油菜、扦插杨柳等，结合不同劳动内容，设置相应的家庭作业，让学生可以规划好自己的生活，培养动手实践能力，让劳动精神、劳动观念落实到具体实践层面；另一方面，教师可以将教育目标向社会方向延伸，组织学生开展公益性、服务性劳动实践活动，如清理城市道路上的白色垃圾、为敬老院老人进行慰问服务、打扫敬老院卫生等，让学生在服务社会、关爱他人的过程中净化自己的心灵，培养道德情操。

第四节 多维视角下高校美育教育创新

一、文化自信视角下高校美育教育创新实践

（一）文化自信视角下高校美育教育创新实践必要性

1. 有助于培养学生审美情趣

文化自信视角下，加强高校美育教育创新实践，有助于培养学生审美情趣。在高校时期，大学生的心理及思想极易受到冲击。该时期也是培养学生"三观"的关键期，高校通过设置美育教育课程，有助于培育大学生的审美情趣，促进他们情操的提升。进入高校后，大学生除了要面对学习压力外，也会迎来一些生活压力，此时他们急需一个可以宣泄心理能量之处，而美育教育的艺术形式正好能够给予大学生一定的心灵抚慰。学生自身本能的欲望经过美育教育中艺术的洗礼，升华为社会所允许和可接受的文明形式。在此过程中，学生的审美情趣能够得到提升，也能帮助他们树立正确的"三观"，避免他们误入歧途。所以，高校有必要加强美育教育创新实践。

2. 有助于提高学生人文素养

文化自信视角下，加强高校美育教育创新实践，有助于提高学生人文素养。美育是高校教育的重要组成部分之一，马克思主义倡导遵循美的规律，积极推进人与自然和谐共生，重视并促进人的全面发展。人文教育是高校美育的一个重要内容，其强调对学生基本素质的培养。高校教育非常重视对大学生情感的培育及对心灵的净化，往往会将相关的教育教学内容融入大学生日常学习与生活中。除此之外，还会构建多元文化知识理论体系来培养、提升大学生的人文精神，促使他们素质、情操的升华，保障他们身心健康发展，提高学生人文素养。所以，高校有必要加强美育教育创新实践。

（二）文化自信视角下高校美育教育创新实践策略

1. 制定基于文化自信视角的美育教育目标

当前，部分高校在制定美育教育目标时，对美育教育认识不够，并没有把美育放到人才培养规划当中。并且，虽然融入了一些传统文化元素，但也只是浮于

表面，美育教育目标与文化自信关联并不够紧密，影响美育教育实践效果。针对这个问题，高校可以从文化自信这一角度着手，将美育融入人才培养规划当中，以培养学生文化自信为目标之一，制定出能更好地促进学生全面发展的美育教育目标。

文化是一个国家、一个民族的灵魂。文化自信是中国特色社会主义的"第四个自信"，是更基础、更广泛、更深厚的自信。坚定文化自信，是促进民族文化繁荣兴盛、传承优秀传统文化的重要途径。高校要以文化自信为视角，除了培养学生审美情趣之外，更重要的是应加强培养学生人文素养，让学生认同我国优秀传统文化，培养他们的文化自信。在此基础上，对总目标进行进一步的细化，根据学生学习特点和学校美育教育实施情况，制订出更为详细的教育计划，加深文化自信和美育教育目标之间的关联，以便更好地实施美育教育。

2. 深化美育教育改革，健全高校美育教育机制

健全美育教育机制，使其与时俱进，是高校美育教育创新实践的重要内容。目前，部分高校的美育教育机制没有与时俱进，包括课堂管理、教学考核等各项工作都是按照原来的工作模式进行，教育理念更新不及时，使得美育教育和时代脱轨。对于这个问题，高校要深化美育教育改革，构建健全的美育教育机制，按照现代化的工作模式来进行美育教育，紧跟社会变革步伐，更好地发挥美育教育价值。

美育与每一门学科都是密切相关的，每一门学科的教育教学中或多或少均会涉及一些美育内容。在教育教学活动的开展过程中，教师应积极挖掘美育、展现美育，将美育中的元素充分展现出来，提升美育教学质量。因此，在开展美育教学的过程中，教师可以充分借助现代化技术来传播美，将美育理论充分融入教学活动中，营造一个生动、活跃的教学氛围。教师可以在课堂上播放有关音乐，或者放映有关电影，创建一个轻松且具有情感性的美育环境，将音乐及电影中的美充分展现出来，让学生认识到美育课程的价值所在，激发他们参与美育课程学习的兴趣。从师资建设方面来看，教师应重视对自身审美情趣及素养的提升，加强学习审美知识，不断提升自身审美能力，这样方能更好地开展美育教学工作，为学生提供更好的指导。在教学评价方面，高校要构建多元评价体系，以学生、教师以及校领导为评价主体，分别进行学生评价、教师互评、校领导评估。从不同角度出发，更精准地评价美育教学效果、教学方法以及教学思想，并提出自己的看法和建议，为进一步完善美育教学奠定基础。

3. 深挖民族传统文化资源，构建科学美育课程体系

深入挖掘民族传统文化资源，构建科学的美育课程体系，是高校美育教育创新实践的重要内容。但是，当前高校的美育课程仍比较缺乏文化自信，仅仅是融入了一些传统文化元素，却没有过多挖掘其中蕴含的价值，民族传统文化与美育课程融合较为浅显，与当前我国社会发展强调的"文化自信"理念不符。针对这个问题，高校首先要意识到民族传统文化融入美育教育的重要性，并积极响应国家政策，坚定文化自信，发挥民族传统文化的德育功能，并将其与美育教育进行有机结合，构建科学的美育课程体系，既培养学生审美能力又能提高学生人文素养，帮助学生全面发展。

课程是审美教育的载体。学生要通过课程的学习接受美育传达的经验。美育不仅要满足知识性的训练，还要满足情感上的升华。课程是知识的载体，情感是知识的表达。要构建活灵活现的知识个体，使学生有兴趣接受美育，有机会抓住美育，所以要构成具有特色的美育课程体系。在课程设置方面，要结合学校办学优势，利用专业教育中的美育元素，带动通识教育发展，以美学与相关理论学科为基础，将艺术类学科、人文类学科与美育相结合，构建美育课程体系；要加强美术、戏剧、文学、音乐等选修课程的建设，注重课时与内容的衔接性。同时，要深入挖掘民族传统文化资源，比如挖掘戏剧文化中蕴藏的审美元素，将其适当地穿插到美育课程中，既能让学生进一步认识戏剧文化，又能培养学生传统审美能力。

4. 立足优秀传统文化，加强高校美育教育创新实践

目前，高校美育教育创新实践过程中存在文化渗透不足这一问题。对此，高校有必要立足于优秀传统文化，加强高校美育教育创新实践。审美文化教育可以建设社会，促进民族的进步。在开展的过程中，将中华文化传统与美育文化融会贯通，在各种活动中促进大学生知识的获得与能力的提升。各种美育活动要真正地体现美育精神与美育内涵，做好充足的准备与安排，防止活动的世俗化与庸俗化。在活动形式上，高校可以组织开展各类中华优秀传统文化的展示活动，让传统书画、医药、饮食、服饰与建筑等得到弘扬与传播，可以利用实物通过图片和视频的方式让大学生得到直观的感受与理解，从中获得历史典故与史迹，让文化遗产与民族智慧得到传播。也可以组织开展各种传统节日与名家讲坛，让经典走

进新时代的美育旋律中，通过高雅艺术进校的形式让大学生沉浸于优秀文化的传统中，提升校园文化和传统文化的品位，激发大学生对"传统之美"的感知和欣赏，以及向心力和凝聚力，通过各类展演活动使大学生在美育环境下得到熏陶和感染。高校要坚持思想、艺术相统一，坚持人文精神与道德规范为引领，要透过文化传统展现思想观念与审美素养，让大学生获得全身心的情感认同和行为认知。

二、融媒体环境下高校美育教育创新路径探析

（一）构建融合媒介平台，整合高校的艺术教育资源

美育创新和实践离不开大量的艺术教育资源。随着我国现代化信息技术的快速发展，各个行业可应用的各种媒介平台越来越丰富，将其应用到高效美育教育中，对于整合艺术教育资源，创建起校园艺术资源库有着重要的作用。通常在基础的教育阶段，教育环境下常常是禁止学生过多接触媒介的，目的是将学生的注意力全面集中在学习上，但是这一做法实际却使青少年对媒介的需求更加强烈，同时也造成了学生媒介使用经验匮乏的现象。高校美育教育中，接触媒介的途径增多，高校应以学生对媒介平台的兴趣为基点，借助媒介平台，深入挖掘和整合校园艺术审美资源，建立起丰富的校园艺术审美资源库，借助不同媒介的特点和优势，提高审美教育媒介的合理性和科学性，帮助学生正确使用媒介，为自身的艺术需求提供服务，培养学生正确，积极的审美观念，强化美育教学的效果。

（二）利用纸质媒介、影视媒介等，营造良好的校园艺术创作氛围

尽管纸质媒介等提供的信息容量较小，并且信息模糊，但受众的参与程度较高，因此，借助纸质媒介能够加深受众的思考，提高创造力。利用纸质媒介的这一特征，高校可以通过创建起纸质媒介的艺术审美和人文审美氛围，激发学生的审美需求，让学生在纸质媒介艺术中认识美、爱好美、提高美的创造力。高校教师可组织和开展与艺术审美有关的校内报刊阅读等活动，引导学生加入阅读平台上进行自由的交流和互动，将校园精神、艺术审美和人文价值融入其中，树立起学生正确的审美价值观，提高人文素养，强化审美体验。同时，灵活运用影视媒介，将丰富的影视文化信息注入日常的审美教学活动和校园文化活动中，用影像

的方式加强学生的审美体验，促进学生形成正确的社会价值观，例如在高校内建设校园影院、广播站、电视台等，通过影像形式呈现出形象的价值观念，提高美育教育的效果。

（三）有机结合课内课外，创设立体的校园审美教育环境

高校美育教育平台的创建和创新实践，需要教师将课内、课外有机地结合在一起，让学生感受美、体验美，在生活中创造、体验和表达美。美育教育的真正目的在于将美蕴于生活，而不仅是学会欣赏美。要有机结合课内课外，营造立体的校园文化氛围，将美育教学的内容践行在教育的每一个环节中，通过改善教学课堂的内部结构，丰富学生的课外文化生活，让学生在生活中落实美的实践。教师要在课堂上激发学生的审美热情，提高审美的教育层次，将人文知识注入专业技能的教学过程中，如把史料故事、语言文化等和专业教学结合在一起，丰富课堂内容，实现美育教育。

（四）强化教学课堂的审美生动性

融媒环境下的高校美育教育工作中，教师应关注学生的主体地位，结合学生的审美需求对传统的授课形式进行改变和创新。授课教师应强调各种多媒体教学手段的运用，加强对先进技术的推广和应用，强化课堂的生动性，提高审美教育的有效性。教师可从装饰等外在层面设置美丽课堂，营造良好的读书学习氛围，加强文化设计效果，将高校自身的文化传统和精髓融入审美教育课堂上，在潜移默化中用积极的校园文化环境影响学生的审美观念。例如在校园教室的各个角落中，打造美育教育审美相关的环境，包括在校园文化长廊教室中呈现美术作品、文学作品、书法作品、摄影艺术作品等，将审美理念渗透到学生的精神文化世界中。将艺术和文化相结合，有针对性地引导学生加入文化活动的体验中，丰富校园生活的同时，加强学生对审美教育的热情。

参考文献

[1] 田钰莹，王莹，王肖南．当代高校美育理论与实践创新［M］．长春：吉林大学出版社，2023.

[2] 王楠．高校美育教育创新路径探究［M］．长春：吉林出版集团股份有限公司，2023.

[3] 陈琦．高校校园文化与当代美育研究［M］．天津：天津科学技术出版社，2023.

[4] 邹婧．高校美育的发展及艺术审美研究［M］．哈尔滨：北方文艺出版社，2023.

[5] 马欣．美学与美育的交响［M］．上海：东华大学出版社，2023.

[6] 李忠昌，鲁小艳．高校美育发展改革与实践研究［M］．北京：中国纺织出版社，2023.

[7] 罗枫．高校美育课程实践探索与教学创新［M］．北京：中国水利水电出版社，2023.

[8] 焦豫丹．现代美育理论及其教育实践探索［M］．汕头：汕头大学出版社，2023.

[9] 刘致畅．高校美育课程建设与开发研究［M］．长春：吉林大学出版社，2022.

[10] 张娉．新时期高校美育与学生教育管理研究［M］．长春：吉林出版集团股份有限公司，2022.

[11] 周晏悦．高校美育建设与艺术审美［M］．长春：吉林出版集团股份有限公司，2022.

[12] 段虹．美育维度的高校思想政治教育研究［M］．北京：中国社会科学出版社，2022.

[13] 陈真．高校传统声乐教学与美育的融合发展研究［M］．长春：吉林出版集

团股份有限公司，2022.

[14] 周翠．高校美育德育的当代发展研究［M］．北京：中国纺织出版社，2021.

[15] 于海明．高校钢琴与美育教学研究［M］．北京：新华出版社，2021.

[16] 李超．美育与高校音乐教育研究［M］．长春：吉林出版集团股份有限公司，2021.

[17] 崔晋文．思想政治教育中的美育问题研究［M］．武汉：武汉大学出版社，2021.

[18] 吴奕，金丽馥．新时代高校文化育人理论与实践［M］．镇江：江苏大学出版社，2021.

[19] 孔南．新时代高校美育载体新探［M］．长春：吉林科学技术出版社，2020.

[20] 刘美辰．大学生美育教学研究［M］．合肥：黄山书社，2021.

[21] 李彩霞．走向美育的文学研究与实践［M］．长春：吉林人民出版社，2021.

[22] 费仁英，蔡晓静．高校公共艺术课程中舞蹈美育的价值审视及融合路径［M］．北京：北京工业大学出版社，2020.

[23] 彭富春，陈晓娟，魏勇．美育研究［M］．武汉：华中师范大学出版社，2020.

[24] 胡燕，张利平．新时代美育教育研究［M］．长春：东北师范大学出版社，2020.